青少年百科知识文库

未解之谜 · **中国地理探秘**

UNSOLVED MYSTERY

司马袁茵◎编著

河南人民出版社

图书在版编目（CIP）数据

中国地理探秘/司马袁茵编著. --郑州：河南人
民出版社，2014.11
（青少年百科知识文库. 未解之谜）
ISBN 978-7-215-09048-4

Ⅰ．①中．Ⅱ．①司．Ⅲ．①地理－中国－青少年读物
Ⅳ．①K92-49

中国版本图书馆CIP数据核字(2014)第258398号

设计制作：崔新颖　王玉峰
图片提供：🔵fotolia

河南人民出版社出版发行
（地址：郑州市经五路66号　邮政编码：450002　电话：65788036）
新华书店经销　　　永清县晔盛亚胶印有限公司　印刷
开本 710毫米×1000毫米　　　　1/16　　　　印张 9
字数 128千字　　　插页　　　印数 1-6000册
2014 年 11 月第 1 版　　　　　2015 年 4 月第 1 次印刷
定价：29.80 元

目录 CONTENTS

Part ① 神奇的诡异地带

Part ② 高原雄山之谜

Part ③ 奇山怪石之谜

Part ④ 奇湖怪井之谜

Part ⑤ 奇洞异岛

Part ⑥ 江河泉潭之谜

Part ⑦ 神秘的沙漠

Part 1
神奇的诡异地带

"上坡容易下坡难"的怪坡

　　俗话说："下坡容易上坡难。"然而在沈阳市新城子区清水台镇阎家村蛤蟆岭附近的哈大公路段的东侧约 1 千米处，有一段长 70 多米、宽 15 米的坡路，却是一个"上坡容易下坡难"的奇怪路段。一天，具有多年驾驶汽车经验的司机屠春明，驾驶着面包车路经这里，将车停在这段坡路的底部，摘挡熄火，跳下车到路边办事。这时车竟然在无人驾驶的情况下向坡路顶端冲了上去，一直冲出近 60 米远。直到车轮被一块石头挡住，车才停了下来。面对这汽车自动向上滑行的现象，司机感到很费解。他带着疑惑和不解向人们述说了这一事情的经过。这样，这一具有神秘色彩的怪事很快就传开了，由此也引来了许多好奇的人进行反复的试验，并且人们还发现，骑自行车和走路都会感到上坡省力，下坡费劲。

　　1992 年 5 月 16 日，《新晚报》刊登了哈尔滨的张兴亚对沈阳"怪坡"的亲身体验："前不久，我在一次电视节目中偶然看到这样一条消息，沈阳附近有一怪坡，自行车或汽车到此下坡时，自行车不蹬不往前走，汽车不加油门不往前行，觉得确是怪事一桩。惊奇之余，我仍有点将信将疑，心想还是眼见为实。机会终于来了。5 月 14 日，我利用到沈阳出差的机会，办完事之后，一行三人于早晨驱车前往怪坡所在地。怪坡位于

↑ "上坡容易下坡难"的怪坡

沈阳至长春公路沈阳至铁岭段的一个小山坡上。汽车行驶不到 1 小时，我们便到达怪坡现场。只见坡长约 70 米，宽约 15 米，正在这里参观的游客有 500 人左右。为亲身体验怪坡之'怪'，我和同事及司机三人坐在车内，车在坡的上方，像平时一样，松开闸，不加油门，想让汽车顺坡下滑，但这时'怪事'发生了，汽车不但不向下滑行，反而向坡上移动。只有司机在加油门时，汽车才向下行走。真是世界之大，无奇不有。如果不是亲眼目睹和亲身体验，沈阳怪坡这种反常现象实在令人难以置信。"据悉已有科学家到此考察过，但怪坡之谜至今尚未揭开。

冬热夏冷的地温

在我国辽宁省东部山区桓仁县和宽甸县境内，有一条长约 15 千米的怪异地带。在这里，每年夏季地下会冒出冷气，冬季会冒出热气，犹如地底下藏着一个冷暖大空调。

19 世纪末的一个夏天，桓仁县沙尖子镇的农民任洪福在堆砌房屋北头的护坡时，偶然注意到扒开表土的岩石缝隙里不断向外吹出阵阵寒气，感到非常惊讶。于是，任家就在冒气强烈的这段护坡底角，用石块垒成了一个长宽各约半米、深不到 1 米的小洞。据说，在 1946 年的一个夏天，一个国民党军官将一匹大汗淋漓的战马拴在洞口附近的树桩上，到了第二天早晨来牵马时，发现这匹马已冻僵在地上不能动弹了。可见这岩缝里的寒气的温度低得惊人。

其实，这里的地温一直有着冬热夏冷的怪异特点。

每年盛夏，从任家石缝吹出的寒气温度低达 -2℃，岩石洞里的寒气温度更低，达 -15℃。放在洞口的鸡蛋会冻破蛋壳，洞内放杯水会结成冰块，雨水流入岩石裂缝，会冻成缕缕冰凌。近几年来，每逢夏季，任家都利用这个天然小冷库，为乡亲和沙尖子镇街上的饭店、医院、酒厂、兽医站等单位储存鱼、肉、疫苗、曲种、菌种等物品，冷藏效果十分理想。

　　然而立秋以后，周围地温不断转冷，这里的地温反而由冷趋暖。到了寒冬腊月，外边已是冰天雪地，寒风凛冽，草木枯萎凋零，而在这个地温异常带却是热气腾腾，暖如温室。整个冬春季节始终不见冰雪。特别是任家屋后，青草茵茵，种下的蔬菜茎粗叶壮。1986 年，任家在冒气点上平整了一小块土地，上面盖上塑料棚，棚内气温可保持在 17℃，地温保持在 15℃，具有天然温室的栽培效果。

　　据说，这种奇异的地带在我国南方也有发现。湖南省五峰县境内，有座白溢寨山，峰高海拔 2300 多米，山坡上有两处地方，每处约有 1000 多平方米，在炎热的夏天，两块地上会盖满白冰；夏天一过，即冰消寒散。冬天来临，周围降雪结冰时，这里却存不住一点冰雪。待第二年盛夏，又出现冰块。年年如此。

　　这种冬热夏冷的奇异现象引起了各界的注意和研究，人们曾多次组织到桓仁作实地考察，并开展学术讨论，对这种奇象的成因提出了各种解释。有人认为，在这个地温异常带的地下，可能有庞大的能保温的储气构造。冬季，大量的冷空气进入这种构造，可以一直保温到夏季才慢慢地逸出。冷空气排出的同时，热空气进入储气构造，被保温到冬天又逐渐逸出来。另一种观点认为，这个地带的地下可能存在一冷一热两条重叠的储气带，始终在同时释放冷热气流。冬季，人们感到异常的是储热气带中释放的热气，而对同时释出的冷气，却因气温低而觉察不到异常；遇到炎热的夏天，寒气则变得明显了。还有人认为，这里地下存在的庞大储气带，在不同的方位上有自动开关的天然阀门，冬天排放热气而吸进冷气，夏天排放冷气而吸进热气。究其成因，谁也拿不出有说服力的证据。人们期待着科学家们能早日弄清它的奥秘。

石雕人像之谜

　　在新疆广阔的阿勒泰草原上，人们常常可以看到屹立着一尊尊石雕人像。这些石人都是用整块岩石凿雕而成的。从外形看，它们大都是全身像，头部、脸形、身躯都雕得生动逼真。如今在新疆的博尔塔拉蒙古族自治州温泉县境内阿尔卡特草原上发现的阿尔卡特石人，就是用一整块白沙岩石雕凿成的。它头部雕琢出一个宽圆的脸庞，一双突起的细长眼睛和高高的颧骨，上唇有两撇八字胡须，腰部束一根宽腰带，右手拿一只杯盏举至胸前，左手扶一把垂挂在腰部的长剑，双脚刻凿出一双皮靴。古代灵巧的石匠还在它的腰带上刻出一个垂挂的小口袋和一把小匕首。石人脸部表情凝重深沉，俨然是草原上威武的将士。这些石人是谁雕琢的？属于哪个民族部落的文化遗产？对此，学术界至今还无一致的意见，它仍是一个尚待揭开的谜。

↑　石雕人像

公路"百慕大"之谜

在中国的兰（州）新（疆）公路的"430千米"处，不但翻车事故频繁发生，而且翻车的原因也神秘莫测。一辆好端端的、正常运行的汽车行驶到这里，有时便像飞机坠入百慕大一样，突然莫名其妙地翻了车。这种车毁人亡的重大恶性事故，每年少则发生十几起，多则二三十起，给国家和人民的生命财产造成了重大的损失。尽管司机们严加提防，但这种事故仍不断发生。

难道"430千米"处坡陡路滑、崎岖狭窄吗？——都不是。"430千米"处不但道路平坦，而且视线也十分开阔。那么，如此众多的车辆在前后相差不到百米的地方接连翻车，究竟原因何在？起初，有人分析可能是道路设计有问题。为此，交通部门多次改建这段公路，但翻车事故仍不断出现。

后来，也有人根据每次翻车方向都是朝北的现象，推测"430千米"处以北可能有个大磁场。这种说法虽然有一定的道理，但没有科学根据。所以，对司机来讲，"430千米"处成了一个中国的魔鬼三角，被蒙上了一层神秘的色彩。因此"430千米"处的翻车现象，目前仍是个谜。

神奇的香地

　　人类在大地母亲的怀抱中一天天长大，可我们却很少回眸去关心这些抚育我们生长的土地、石头和河流。它们看似平凡，可要是细心去发现，你就会找到很多不平凡之处。在我国湖南省洞口县，就有个幸运的农民发现了这么一块馥郁芬芳的土地。它静静地藏在一个小山腰上，在约50平方米的范围内默默地散发着芳香。它的香味不是来自任何花草树木，而是土地本身。在不同的时间、不同的天气里，香味的浓淡还会随之发生变化。神奇的香地在吸引了大批旅游者的同时，还招来了有关专家。他们认为这小块土地的下面可能含有某种独特的微量元素，但具体是什么元素，专家们也说不清。他们猜测是这种元素与空气共同作用产生了某种散发香味的气体，时间和天气的变化会影响该元素的强弱，所以有了香味浓淡的改变。

↑　神奇的香地

鸣沙之谜

　　人们把海滩或沙漠里会发出声响的沙子叫"鸣沙"。鸣沙发出声响的时候，一般都是在风和日丽或者刮大风的时候，要不就是有人在沙子上滑动的时候。鸣沙是世界上普遍存在的一种自然现象。据说，世界上已经发现了100多处类似的沙滩和沙漠。到底是什么原因使得沙子发出各种各样的声响呢？科学家经过认真仔细的研究和试验，提出了各种各样的看法。有的人认为，沙粒和沙粒之间有空隙，空气在运动的时候，就构成了一个个"音箱"。当沙丘崩塌以后，空气在空隙之间出出进进，就会引起空气的振动。当空气振动的频率恰好与这个无形的"音箱"产生共鸣的时候，就会发出声响。还有的人认为，由于不同风向的风长期吹动着沙粒，使这些沙粒变得大小均匀，非常洁净，也具有了像蜂窝一样的孔洞。鸣沙能发出声响，可能就是由于这种具有独特表面结构的沙粒之间的摩擦共振造成的。1979年，中国有一个叫马玉明的学者，提出了新的见解。他认为，鸣沙的"共鸣箱"不在地下，而是在地面上的空气里边。关于沙子发声的原因，众说纷纭，莫衷一是，难以定论。

1. 响沙湾

在中国内蒙古鄂尔多斯草原的库布齐沙漠上，就有一个神奇而迷人的"响沙湾"。在大不列颠群岛、夏威夷群岛、南美西海岸、西奈半岛沙漠、蒙古戈壁滩、智利阿塔卡玛沙漠和沙特阿拉伯的一些沙漠都有这种奇特的自然现象。在苏联的科拉半岛浅滩、贝加海滩、维仰伊河以及贝加尔湖也可见到过这类"响沙"。据说，世界上已发现了 100 多种类似的沙丘。

后来人们发现，这种悦耳的声音，只是在风和日丽的时候或风沙起舞的时候，由那些直径为 0.3～0.5 毫米的洁净的石英沙发出来的。而且沙粒越干燥，声音就越大。在潮湿的天气、雨天或冬天，沙粒则通常寂静无声。

那么究竟是什么使沙子发出这动人的"音乐之声"的呢？科学家们的猜想和解释多种多样。

一种认为声音是由沙粒带电产生的。由于摩擦挤压的关系，沙粒带有静电。一遇外力，互相碰撞，就产生放电现象，因而发出声音。

另一种认为在沙丘里有一层湿沙层。当沙丘发生崩塌时，由于沙层的流动，形成了波浪形表面，表面又将震动传给湿沙层，湿沙层就产生一种像乐器一样的振动，从而发出声音。

还有人认为沙粒空隙间的空气运动构成了一个音箱。沙丘崩塌时，空气在空隙间进进出出，就会引起空气的振动。当振动的频率与这个无形的音箱共鸣时，就产生声音。

更有人企图用温度的升降理论以及沙丘的不同运动形式来解释这一大自然的奥妙。然而，尽管无数的科学家们绞尽了脑汁，至今仍未找到沙丘唱歌确切的原因。

↑ 鸣沙山

2. 鸣沙山

在中国甘肃省敦煌市城南6千米处，有座高数十米，东西长约40千米，南北宽约20千米的鸣沙山。登上鸣沙山往下看，只见沙丘如林，一个接着一个。人们如果从山顶顺着沙子往下滑，沙子就会发出一阵阵不绝于耳的声响。据史书记载，天气晴朗的时候，鸣沙山上会有丝竹弦乐的声音，好像在演奏音乐一样。所以，人们称之为"沙岭晴鸣"，是敦煌的一大景观。

3. 鸣沙地

中国有一处鸣沙地是在内蒙古自治区达拉特旗南25千米的地方，又叫"银肯响沙"。这处沙山有60米高、100米宽。人们只要一走进响沙湾，就会听到各种声音。有的好像手风琴拉出的低沉的乐声，如泣如诉；有的又好像叮当作响的银铃，如醉如狂，好像整个沙漠都在歌唱；有时好像飞机掠过天空发出的轰鸣声；有时又好像航行在大海上的轮船拉响的汽笛声。无论在什么情况下，它们都能够发出声音。

"鸡娃地"鸡鸣之谜

↑ "鸡娃地"

　　河南省登封县城以北一块长约 50 米的地段，被人称为"鸡娃地"。如果在这里用力鼓掌，就会听到小鸡"叽叽"的叫声，并且这种声音受掌声控制：掌声大，"叽"声也大；掌声紧凑，"叽"声也随之紧凑。更离奇的是，回声具有选择性：如果在这里喊叫，并不能听到回声，只有掌声才会有回声。当地一些年过古稀的老人说，他们小时候就知道这块神奇的鸡娃地，不过那时是块空地。现在，鸡娃地的两侧已修起了房屋、院舍，但小鸡的"叽叽"之声仍然如故。鸡娃地的叫声是什么东西发出的呢？人们还没有找到答案。

中国南海诡异三角地带

　　在南海有片神秘莫测、令世人恐惧的海域。这片海域西起中国香港，东至中国台湾，南至菲律宾吕宋岛，面积约 10 平方千米。自 1979 年以来，不断出现航船失踪事件，令人百思不解的是，这些航船失踪后，竟未发现任何碎片、油渍或尸体。

　　1979 年 5 月中旬的一天，阳光灿烂，清风徐吹，一艘菲律宾货轮"海松"号正开足马力，由中国南海向马尼拉方向驶去。与此同时，菲律宾马尼拉南港海岸防卫队的无线电接收机突然收到一个紧急呼救信号："海松"号在中国台湾以南、吕宋岛以北海域遇难。信号来得是那样突然，又消失得那样急促，甚至来不及报告遇难原因和当时的情况。搜寻小组火速赶往出事海域，经多方搜寻，非但 25 名船员踪迹全无，就连上千吨重的货轮也没有留下半点残迹。

　　7 个月后，在"海松"号发出最后求救信号的海面上，由菲律宾马尼拉驶往我国台湾的"安吉陵明"号货轮又失踪了。

　　1980 年 2 月 16 日，距"安吉陵明"号遇难正好两个月，灾难又一次发生。菲律宾东方航运公司的"东方明尼空"号货轮在行驶到我国香港与马尼拉之间时，东方航运公司马尼拉办事处的通信控制室里，突然

↑ 中国南海诡异三角地带

接到"东方明尼空"号发来的求救信号。求救信号还未收完，联络即突然中断。据信号判断，这艘货轮遇难时正行驶在这片海域。搜寻和救援的飞机来到失事地点，未找到任何残迹，30名菲律宾船员也全部失踪。

不到10个月的时间，三艘货轮在同一海域神秘失踪，引起了人们极大的恐慌。人们惊奇地发现，这片海域的位置，恰好与举世闻名的大西洋百慕大魔鬼三角的位置遥遥相对，于是，中国南海魔鬼三角的称谓不胫而走。

中国南海魔鬼三角与百慕大魔鬼三角有许多相似之处。首先，这两个三角形海域都是世界上最危险的海域，至今已有大量的船只和飞机在这两个海域神秘失踪，而且均未留下任何痕迹，无法确定失踪的原因。其次，这两个海域都呈三角形。再次，这两个海域都位于大陆的东方，海底地形复杂，洋流强劲，经常出现巨浪、海啸、漩涡、台风等恶劣海况。最后，这两个海域都是"无偏差线"通过的地方。"无偏差线"是看不到的，而且经常移动，直接影响地球磁场。

　　比较三次发生在中国南海的船只失踪事件，人们发现它们竟有惊人的相似之处。首先是事出突然。失踪船只都是在刚发出求救信号后，无线电联络就立即中断，这说明灾难是在没有任何预兆的情况下突然降临的，遇难过程短暂，或通信设备在瞬间遭到干扰破坏。其次是船员全部失踪。每艘船上都有许多船员，可事后救援人员虽多方搜寻，却未找到一名幸存者，甚至连尸体也没有见到。虽然不排除被出没此处的鲨鱼吞噬的可能，但不留一点残骸是不太可能的。再次是船只踪影全无。在出事地点均未发现船只留下的任何遗物，比如救生筏、碎片或油渍等，海面平静得就像什么事也没发生过一样。那么，这一件件船只失踪案的罪魁祸首是谁呢？

　　近年来，随着海洋物理学的发展，科学家们在大洋中发现了中尺度漩涡。南海岛屿众多，沿岸流、南海暖流、南海环流以及黑潮的汇集，都为旋涡的形成提供了条件。南海的船只失踪事件是不是与洋流和旋涡有关系呢？还是另有其他原因？这还有待于人们作进一步的探索。

↑　南海

龙大湾怪声之谜

　　在四川省威远县城东北约20千米处的山区,有一个叫龙大湾的地方。在这秀美的悬崖丛林中,却经常出现一些神秘而奇怪的现象。自1995年6月以来,当地的农民和附近煤矿的工人,曾多次听到从龙大湾悬崖中发出震耳的嘶叫声和炮声。据附近煤矿的一位矿工介绍,7月15日早6时左右,他正在龙大湾山脚下锻炼身体,阴森的山岩中发出的嘶叫声长达6~8秒。山脚下的农民闻声纷纷从屋里跑了出来,察看究竟发生了什么事情。那种声音像是有千万人在嘶叫,并伴有阵阵类似放炮的声响,可怕极了。很多人还同时看到从半岩中冒出很大的一股灰色烟雾。

　　当地一些农民也说,他们以前多次听到山崖岩中发出的叫声,虽然听后很害怕,但时间一长便不足为奇了。他们说自1995年以来这种山岩的叫声更为常见,而且多在夏季发生。

　　在龙大湾山上,有几个神秘的洞穴。天长日久,洞口已被草木泥土遮住,隐藏在茂密的树林中,深不可测。这些洞穴都是竖直向下,不规则的洞口直径约1.5米,从上面抛下石头等硬物,碰撞洞壁的响声要持续数十秒,直至听不到声响。每到下雨前后,洞中会冒出一股股巨大的水蒸气柱。这些洞穴究竟有多深,没人去探测过。也许早先的人们不知道龙大湾山岩发出的声音是从何而来，神秘的洞穴是如何形成的，所以便把这种叫声说成是龙的叫声，把那些神秘的洞穴误认为是龙的通道，而雨后洞中冒出的巨大水蒸气柱便成了巨龙升天，龙大湾也因此而得名。

据地质人员分析，这些声音的出现有两种可能：一种是很久以前发生过什么重大事件，其声音被"印"在山岩中形成声音的"记忆"；外界一旦与当时的气候条件相似，便可能再次出现这种"记忆"。另一种原因可能是地壳裂变或地质岩移动引起的声响。而洞穴中的水蒸气柱完全是因为地热引起的。这些现象的真正谜底，还有待于进一步考证、揭示。

↑ 龙大湾怪声之谜

怪异神秘的神堂湾

　　湖南省桑植县的神堂湾，长期与世隔绝，传说是神仙聚会的地方。一望无际的原始森林，为整个神堂湾铺上了一层厚厚的绿毡。神堂湾日夜不停地喷着浓浓的白雾。在这里，有世界上罕见的白蛇，体长 1～1.5 米左右，形似一根软玻璃棒。如果在这里点燃篝火，火一点燃，火花上头便冒起一缕又粗又浓的白色烟雾，顺着神堂溪向谷中飘去。溪水平则烟平，溪水直则烟直。白色烟雾随溪水曲折往复，犹如两条白龙，腾飞于弯弯曲曲的山谷之中。这些怪异的现象给神堂湾披上了一件神秘的外衣，令人们迷惑不已。

　　曾有一支探险队，在夏天来到神堂湾想探个究竟。不料，走到一个悬崖峭壁的拐弯处，突然一股浓浓的白雾从山谷中喷射出来。霎时，探险队员们既看不见路，也见不到物，只听到身旁轰隆隆的巨响，震耳欲聋。走在前面的猎犬也突然止步，狂吠几声，掉头就跑。神堂湾究竟有多高、多深，里面究竟有些什么"怪物"，人们至今不得而知。

↑ 神堂湾

恐怖的"魔鬼谷"

　　青海省有个"魔鬼谷"。每当人畜入谷后，它便呼风唤雨，酿成人畜伤亡，令人望而生畏。"魔鬼谷"为什么有如此威力呢？是什么样的"魔鬼"在作怪呢？被称作"魔鬼谷"的山谷东起青海省茫崖镇的布伦台，西至新疆维吾尔自治区若羌县境内的沙山，长约100千米，宽约30千米，谷地平均海拔约3200米。这个谷地南有昆仑山，北有阿尔金山，两山夹峙，雨量充沛，气候湿润，虽然地处内陆，但林木繁茂，牧草丰美。然而，这个看似理想的**天然优良牧场**，一遇天气变化，便会变成阴森恐怖的地狱，**平地生风，电闪雷鸣**。尤其是滚滚炸雷，震得地动山摇，成片的树木被烧得干焦枝残。附近以游牧为生的少数民族千百年来均将谷视为禁地。偶然有误入其中者，往往遭雷击而极少生还。为了揭开"魔鬼谷"的奥秘，青海省地质科学工作者多次冒着生命危险对这一谷地进行实地科学探察，终于获得重大突破。地质勘察证实，这一谷地地层中，除有大面积三叠纪火山喷发的强磁性玄武岩外，还伴生分布有30多个铁矿及石英闪长岩体。经测试，这里的磁场峰值高达1000至3000伽马。有关专家认为，正是这里的地下岩体和铁矿带所形成的强大磁场效应，引来了雷电云层中的电荷，因而产生了空气放电，形成炸雷。

Part 2

高原雄山之谜

会移动的青藏高原

　　青藏高原一直是一个神秘的地方。如今，在 GPS 卫星定位系统的帮助下，科学家惊奇地发现这个世界最年轻的高原竟然以每年 730 毫米的速度整体向东北方向移动。

　　尽管这种推移变化量很小，仅仅属于毫米级，但是在几百万年的地质年代，这个移动量还是很可观的。那么，人们是如何观测到这种移动的，又是什么原因造成这种移动，它会给地球和人们的生活带来什么样的影响？

　　青藏高原位于我国西南边陲，亚欧大陆的中南部，南起喜马拉雅山，北抵西昆仑—阿尔金—祁连山，东自横断山脉，西连帕米尔，面积达 250 多万平方千米。它平均海拔在 4000 米以上，享有世界屋脊和地球之巅的美誉，常被科学家们与南极、北极相提并论，称作"地球的第三极"。

　　青藏高原无论是地理位置上，还是在地球科学的重要性上都具有极为特殊的意义。由于它位于地质历史上古地中海大洋岩石圈消亡地带，是研究洋—陆转换、陆—陆碰撞、造山过程、全球变化和全球大陆动力学等一系列重大理论问题、建立地球科学新理论、新模式的关键地区，故而也被喻为"打开地球动力学大门的金钥匙"。

　　对青藏高原的监测吸引了许多国家的科学家。

↑ 青藏高原

　　监测活动的参与者之一、中国地震局地震研究所谭凯博士说："青藏高原在中国其地壳活动幅度相对比较大，而且这个高原地区的隆升、漂移活动是比较激烈的，地震活动也比较多。这种现象在中国其他地区或者其他高原是少见的。"

　　从 20 世纪 80 年代起，各国地球科学工作者争先来青藏高原作考察研究，法国、英国、美国、日本、意大利、瑞士、德国、加拿大、澳大利亚等各国学者纷纷与我国科学家合作。对青藏高原进行考察研究，已成为地球科学新理论国际竞争的焦点地区。

　　尽管各个国家都争先恐后地对青藏高原进行实地研究，中国在卫星监测青藏高原的地壳活动方面却走在世界的前列。事实上从 1991 年起，中国地震局地震研究所 GPS 研究室开始利用 GPS 全球卫星定位系统对青藏高原地区进行监测。从 1991 年至今，中国地震局地震研究所 GPS 研究室组织了 50 多次青藏高原 GPS 观测，在高原及其周边地区设置了 340 个观测点，全国共设置了 1056 个 GPS 观测点。

　　那么，青藏高原是以怎样的速度向哪些方向移动？谭凯说，根据他们最新研究，青藏高原南部的拉萨地块以每年约 30 毫米的速率向北东 38 度推移；中部的昆仑地块以每年平均 21 毫米的速率向北东 61 度推移；再向北到祁连山地块，以每年 7 ~ 14 毫米的速率向北东约 80 度推移。也就是说青藏高原整体正以每年 7 ~ 30 毫米的速率向北和向东方向移动。

谈到监测方法，谭凯说，他们采用全球卫星定位系统对中国大陆地壳运动进行了长期监测，从中获得了在国际地球科学领域内最为丰富的青藏高原 GPS 数据；并使用独自研制的高精度 GPS 数据处理软件，获得了中国大陆现今最为精细的地壳运动图像。

具体方法是，首先利用诸多卫星进行定点的测量，再通过仪器进行接收；之后对信号进行数据处理，再把结果与以往结果进行比较。

监测有自己独立进行的，也有和别人联合的，大大小小共有四五十次。他们与美国阿拉斯加大学、美国普度大学保持了常年的联系，是友好合作单位，双方在监测活动中的仪器、经费方面，进行了交流和合作。

监测点哪都有，并不局限于中国大陆，中国周边国家和地区，像天山、蒙古、印度等地都有。而青藏高原上的观测点则是关注的重点。

移动比较重要的原因是印度洋板块向北运动引起的挤压。

青藏高原向北向东移动的原因是什么？

谭凯认为，原因比较复杂，涉及地球动力学各方面的因素。不过据推测，比较重要的因素就是印度洋板块向北运动引起挤压，除此以外，还有像地幔动力学、地热等多方面的因素，不能简单归结为一种原因。

而中国地球物理学会主席、中国工程院赵文津院士在 2009 年的早些时候，曾发表一篇文章对移动的原因进行解释。文章的名称为《破解青藏高原的东移之谜》。

赵文津院士从球面数学的角度出发，他认为，处于高纬度的两个相邻地块分别沿其重心所在经度线向低纬度做南北方向的离极运动时，由于经度线间的距离不断增大而逐渐相互分离。反之，处于低纬度的不相邻两地块分别沿其重心所在经度线向高纬度做南北方向的向极运动，由于经度线间的距离不断减小而逐渐相互靠近，最终导致青藏高原向东移动。

青藏高原向东和向北移动速度并不一样，这会不会造成高原自身的解体呢？其实，青藏高原本身就是由许多地块构成的，例如昆仑地块、拉萨地块等，每个地块的方向和活动性都不一样，它的动力传输也不一样，这也就造成了速度不一致的情况。另外，高原本身就是断裂的，所谓高原解体也是无从谈起的。

这种运动的影响，可以造成地块触动和断裂，以及造山运动等多方面影响，而与老百姓生活更为直接的则是地震活动的增加。

至于这项研究成果对于地震和地质学的意义，谭凯认为，这项研究可以使人们研究地球动力学、地球深部结构和浅部变形之间的关系，同时也有利于地震预测等方面的深入研究。

如果青藏高原一直运动下去会怎么样呢？是否会产生新的地形地貌？它会给这个地区乃至整个中国内地的生态和气候环境带来什么变化？谭凯说，这与地热活动增强，应力积累现象不同，这个问题太复杂了，不能轻易地下论断。

中国气象科学研究院人工影响天气研究所研究员张纪淮也表示，从板块移动的角度来说，喜马拉雅山就是印度洋板块和东亚板块底部相互挤压形成的。如果板块向东向北移动，肯定会对喜马拉雅山的高度产生影响。至于这种缓慢的移动对于气候的影响，应当把它放在一个很长的气候年代里去表述，短期内是观察不到什么变化的。

神秘的神农架

　　神农架位于中国长江与汉水间的川鄂交界地带，有"华中屋脊"之称，面积3250平方千米，林地占85%以上。平均海拔1700米，最高处达3105米，有多种气候类型。

　　提起神农架，人们不能不想到"野人"。从古至今，大量的关于野人的记载和野人的传说让人难辨真伪。1977～1980年，有关部门组织了两次大规模的野考，搜集到大量关于野人存在的证据，如野人毛发、脚印、粪便等，还发现野人住过的竹窝。考察结果似乎向人们昭示：神农架的确存在一种不为人们所知的奇异动物。

　　其实，神农架不仅仅是野人令人称奇，还有更多的神秘现象。在一个叫阴峪河的地方，栖息着大量的白色动物。这里终年少有阳光透射，适宜白金丝猴、白熊、白麂、白蛇等动物栖息，此外还有白乌鸦、白猫头鹰、白龟等。据说，那里的白蛇通体洁白无瑕，盘踞时犹如一尊玉雕，挺立时就像一根银棍，贴地而行，速度奇快。世界原来只在北极地区才发现有白色动物，这么多动物在神农架变白，成了科学上的待解之谜，因为这绝不仅仅是气候因素能决定的。

　　1986年，当地农民在深水潭中发现了3只巨型水怪，它们全身呈灰白色，头部与大蟾蜍相似，两只圆眼比饭碗还大，嘴巴张开时有1米多长，两前肢生有五趾。浮出水面时嘴里喷出的水柱高达数丈。

不仅如此，与水怪传闻相呼应的还有关于棺材兽、独角兽、驴头狼的传闻。据说，最早发现棺材兽的地点是神农架东南坡，这是一种长方形怪兽，长着很大的头，脖子短粗，全身为

↑　神农架

麻灰色毛，跑起来的惯力可以撞断树枝。独角兽体态像大型苏门羚羊，后腿略长，头像马，前额正中生着一只牛角一样的黑色弯角，约40厘米长，从前额弯处呈半圆弧弯向后脑。驴头狼好像是一头大灰狼被截去狼头换上了驴头，是个体型远大于狼的灰毛家伙。

除了奇怪的动物耐人寻味外，神农架还有许多地质奇观更是蔚为壮观。在红花乡境内有一条潮水河，让人迷惑不解的是河水一日早、中、晚各涨潮一次。更神奇的是潮水的颜色会因季节而有所不同，梅雨之季

水色碧青，干旱之季水色混浊。

宋洛乡有一处冰洞，洞内温度与洞外气候大相径庭。当洞外自然温度高于28℃时，洞内就开始结冰，山缝里的水沿洞壁渗出，形成10余米长的冰帘，晶莹剔透，美不胜收，滴在洞底的水则结成顶端如蘑菇状的冰柱，而且为空心。洞外天气转冷时，洞内的冰就开始融化，到了冬季，洞内温度反而高于洞外。

与宋洛冰洞相应成为另一奇洞的是木鱼镇的冷热洞，洞中时而冷风习习，时而热浪滚滚，目前还没有一个最合理的说法来解释这一冷热忽变的现象。还有官封乡的鱼洞，洞里水色伴着春雷产生变化，春雷过后，水色由清变浊，等水色完全混浊后，成群的鱼在洞里游来游去，这些鱼如筷子般长短，无鳞无甲、洁白如银，场面蔚为壮观。

神农架这块神奇之地正吸引着越来越多的好奇的人，不知道谁何时才能揭开她神秘的面纱。

↑ 神农架神奇之地

神农架与"熊山"

　　多少年来，一个悬而未决的难题一直在困惑着中国的一些学者，那就是《山海经》中所提到的熊山到底在哪里？1986年，在四川举行的中国《山海经》学术讨论会上，有关学者和专家认为所谓"熊山"指的就是鄂西北的神农架。因为不仅神农架林区的版图活像一只行走觅食的熊，而且神农架还是一片熊的国土。

　　据统计，神农架内目前至少有七种熊，按其外形、毛色可大致分为：狗熊、猪熊、马熊、人熊、棕熊、白熊、花熊。在这七种熊中，争议较大的是花熊。有人说花熊是大熊猫，有的认为不是大熊猫，也有人认为花熊可能是白熊和狗熊的杂交种。1958年，一个猎户曾在喂猪时发现一只"花熊"正在偷吃地里的包谷。它的背部为黑色，腹部灰白，脸部有白毛，眼睛周围是两个黑圈，双耳也是黑色，体重约100千克。1976年，有4个当地人看见过一只类似的"花熊"与老虎搏斗，最后老虎咬死了这只熊，吃了它，剩下了四只脚。这4个人待老虎走后，捡回了这四只熊掌，回家饱餐了一顿。根据他们的叙述，"花熊"就是地地道道的大熊猫。

　　神农架的猪熊，有人称之为"黄绊熊"、"站熊"。1985年，曾有11位农民在包谷地里打死了一只站着吃包谷的猪熊。这只熊嘴巴类似猪，

↑ 神农架"熊山"

重达 300 千克，除去内脏后的净肉也有 200 千克，比狗熊重得多。

在这七类熊中，最神秘的是"人熊"。神农架的人熊种类较多，其特点都是可以直立行走，而且面部像人。毛发有红色、黑色、麻色、灰白、白色等不同种类。对于神农架林区以及鄂西北、川东一带发现的"野人"，许多人就称之为"人熊"。"野人"与"人熊"容易混淆，不易区分。

目前，我国已确认的熊类有狗熊、棕熊和昆仑山马熊。但神农架林区发现的熊类却多达近 10 种，而且数量也十分可观。仅在北京、武汉等地动物园的白熊就有 10 只左右。

难道神农架真的是《山海经》中所指的"熊山"吗？难道因为神农架形似"熊"就可以认为是"熊山"吗？虽然有这么多的熊居住此地，但它是否就是《山海经》中所指的那个"熊山"，还是一个有待进一步考证的谜。

雅鲁藏布大峡谷谜团

　　西藏的雅鲁藏布大峡谷不仅有着美丽的风景，还有着众多的谜团。如大峡谷中有没有瀑布？大峡谷是如何形成的？大峡谷中又如何会有"西双版纳"呢？这些问题，有的已经得出结论，但仍然需要我们做进一步的考证。

　　雅鲁藏布大峡谷是世界第一大（深度、长度）峡谷。大峡谷北起米林县的大渡卡村，南到墨脱县巴昔卡村，长504.9千米，平均深度5000米，最深处达6009米。整个峡谷地区冰川、绝壁、陡坡、泥石流和巨浪滔天的大河交错在一起，环境十分恶劣，许多地区至今仍无人涉足，堪称"地球上最后的秘境"，是地质工作少有的空白区之一。

　　大峡谷具有从高山冰雪带到低河谷热带季雨林带等9个垂直自然带，聚集了多种生物资源，包括青藏高原已知高等植物种类的2/3，已知哺乳动物的1/2，已知昆虫的4/5，以及中国已知大型真菌的3/5，堪称世界之最。

　　在大峡谷入口处的派乡转运站海拔为2800多米，拐了几个弯流到墨脱海拔却已经只有几百米，江水流速最快竟达16米／秒以上……这条世界最高的大河从喜马拉雅山脉西段南麓海拔5590米的杰马央宗冰川，一路深切印度板块和欧亚板块缝合线及太平洋板块与印度板块缝合线，最后造就的这个绿色峡谷的确是一个值得举世瞩目的奇迹，留给人类的也不仅仅是整个雅鲁藏布江中最复杂最险恶的谜中之谜。

　　对于这一现象，科学家们提出为什么同一山脉的两端会有两座山峰遥相呼应地对峙着？为什么这种对峙又几乎对称地被两条大河深切成马蹄形大拐弯峡谷？这是大自然偶尔为之还是深藏地壳运动规律？这些，都是中外科学家们一直关注的问题。

↑　雅鲁藏布江

喜马拉雅山是如何形成的

几千年来，许多民族曾在喜马拉雅山脉的圣母峰及其姊妹峰之下生活。在古梵文中，喜马拉雅的意思是"雪的住所"。该区的神话、宗教、文学、政治及经济都深受这条山脉的影响。旅行家、探险家、登山家及科学家，都对喜马拉雅山悠然神往。

我们像前人一样，心里一直盘算着：这条山脉为什么会在这里？有此山脉以前这里是什么？山脉的年龄多大？是什么庞大力量造成的？为什么这样高？

喜马拉雅山脉耸立于印度河、恒河、雅鲁藏布江等河系的低洼冲积平原上，绵延 2415 千米，形成一个大弧形隔开印度次大陆及西藏高原，宽度自 161 至 402.5 千米不等。这个崎岖的山脉分成几个相连的分段。西瓦里克（又名楚利亚）山脉是印度平原北面的第一段，高 0.9 至 1.2 千米不等。下喜马拉雅山脉包括几个起伏连接山岭，高 3.7 千米至 4.6 千米不等。大喜马拉雅山脉本身较高的山顶是冰川蚀成的山峰，高 6.4 至 8.1 千米不等。接着是较矮的西藏陆缘山脉，山势渐低，没入海拔 4.6 千米的西藏高原。喜马拉雅山脉在克什米尔北部没入巍峨的喀喇昆仑山。喀喇昆仑山是一条"外喜马拉雅"大山脉，有世界第二高峰葵山峰（又名歌德文奥斯腾峰），海拔 8.7 千米。

这条大山脉的庞大弧形，足以把欧洲的整个阿尔卑斯山脉团团围住。各山峰的高度平均超过 5.8 千米。此外，喜马拉雅山脉和喀喇昆仑山共有 500 多个高逾 6.1 千米的山峰，其中 100 多个超过 7.3 千米！北美洲只有一个 6.1 千米高峰，即阿拉斯加的麦京利峰；西欧的最高峰是法国阿尔卑斯山脉的白朗峰，海拔仅 4.8 千米。

亲身到过喜马拉雅山脉游历研究的几位地质学家，都觉得要找出造成这条山脉的详细过程，殊非易事。而恶劣的气候环境，也是工作的大障碍，因而出现盲人摸象的情形。压缩、上升及侵蚀等地质变化，因时因地不同，所以，研究占地那么广阔、年代那么久远的山脉，就像玩复杂的拼图游戏。由于缺乏可以证明年代的化石，加上岩石构造混淆不清，探索远古地壳变化的经过，愈加困难。

地质学家大都承认，从阿尔卑斯山脉到东南亚各大山脉的欧亚大陆山系，包括喜马拉雅山脉，都是在过去 6500 万年间达到最高点的一种力量所造成的。这山系的各山脉，都是地壳强烈隆起的产物，地壳隆起时把一个古地深海海沟里极厚的沉积岩层推出海面。地质学家称这个海沟为"古地中海"。

↑ 喜马拉雅山

什么原始力量能产生这种庞大的隆起呢？地质学家现在大都认为，力量来自大陆漂移。这是多年前先由德国地质学家韦格纳提出的概念。

约 1.8 亿年前，整个欧亚大陆边缘南临古地中海海沟。古代南方的超级大陆"冈瓦纳古陆"裂开之后，几个板块部分开始移动。印度次大陆从非洲南部分裂出来之后，在随后一亿年间向北撞去。古地中海海沟受到南面的印度和北面的亚洲大陆两面挤压，好像一把大钳子把它越钳越紧。

无情的钳力继续增强，挤压力也随之增大。压皱的沉积岩被迫从海底上升，填平以前的海道。

印度板块与欧亚大陆板块的大碰撞，在 7000 万年至 6500 万年前那段时间内发生。尽管印度板块撞力极大，即为欧亚大陆板块所阻，印度板块于是向下楔入，以更大的力量陷入古地中海海沟。

在其后 3000 万年间，古地中海因为海底被陷入的印度板块推起，浅水部分逐渐见底。最后，古地中海的一部分成为西藏高原。高原南部边缘的西藏陆缘山脉，成为该地区的第一条主要分水岭。山脉高得足以构成"气候障壁"，使越来越大的雨降落在越来越陡峭的南山坡。各大河流因上游水力增加，沿着旧断裂线和褶皱结构冲蚀地面，与流下高原的溪流汇合一起，奠定了今天河流水系的雏形。

在南面，古代印度河、恒河及雅鲁藏布江挟带来的岩屑碎石，迅速填塞阿拉伯海及孟加拉湾的古老河口湾。这三大河流每天挟带 300 多万吨杂物入海，大规模的冲蚀和淤积，一直到今天都未停止。

约 3000 万年前，地壳活动渐趋高潮，造山运动的速度大为加快，喜马拉雅山脉也开始急升，以前的海道完全封闭。随着印度板块继续陷入古地中海海沟，板块顶部几层旧岩石削落仰跌，层层重叠，在平地上向南伸出很远。岩石这种波浪式"逆掩断层"称为"推复体"。

推复体在印度陆块上逐个往外推,向南移了 96.7 千米远。每个新推复体有比前一个更古老的岩石。最后,这些推复体都褶皱起来,像手风琴上的腔褶一样,把以前的古地中海海沟填塞了 402.5 千米。

整个这段期间,河流的"下切侵蚀"几乎与山脉上升速度相同。从上升中的喜马拉雅山脉侵蚀出来的大量风化物质,被挟带到平原,再由印度河、恒河及雅鲁藏布江冲流入大海。这些沉积物的重量造成洼地,又能容纳更多沉积物。在某些地点,恒河平原下面的沉积物,目前厚达 7.7 千米。

早期喜马拉雅山脉的高度可能是 3.7 千米,和今天的阿尔卑斯山差不多。喜马拉雅山脉什么时候才成为地球上最高的山脉?大约仅在过去的 60 万年期间,冰川冰更多更厚。

喜马拉雅山脉在一次突发急升中,到达"壮年期"。地壳下面岩浆形成的幼年结晶岩石,被逼沿着最北面推复体核心及其外围上升,成为今天所见那些花岗岩大山峰。在某些山峰,例如圣母峰,古地中海海底含有化石的沉积物,骑在新结晶岩石背上,被推上了峰顶。

瑞士地质学家海根曾于 1950 年测量过尼泊尔。他相信喜马拉雅山脉庞大的结晶岩石主脉不断升高,是由于印度板块继续挤压,迫使此核心区的岩石向上冒升。其他地质学家认为,结晶岩石山峰惊人上升,倒是地球不停走向"地壳均衡"的反应:如果地壳某处下降,另一处就会上升。苏黎世大学的甘瑟认为,最高山峰出现于最深、最重的恒河冲积对面,就是这个原因。

喜马拉雅山脉还在增长吗?我们不敢断言,因为测量技术还不能作那么精确的测度。但我们确知地壳仍在移动中,从未休止。下喜马拉雅山脉地区及恒河盆地的剧烈地震,就可证明深处的地壳活动。1934 年,在尼泊尔及印度比哈尔使一万人丧生的大地震，震中央位于圣母峰正南的恒河海沟下面。

圣母峰是世界最高峰，具有爬山家不能抗拒的吸引力。1921年以来，20多个登山探险队都想登上峰顶，其中有英国、瑞士、印度、中国、美国、日本及国际登山探险队。在1950年尼泊尔终于向世界开放门户之前，攀登圣母峰都要取途西藏。1924年，英国登山探险队的地质学家诺尔·欧德尔，从艰险的北面峰上8.2千米，首次发现圣母峰的金字塔形峰顶，是由古地中海带有化石的石灰岩所构成，年代已有3.5亿年。

自1950年后，除我国登山探险队外，攀登圣母峰的人，大都取途尼泊尔。由于障碍重重，历次征服该峰的尝试都失败了。直到1953年，英国登山探险队的新西兰人希勒里及谢巴族人邓京才登上峰顶。此后，瑞士、美国、印度及日本登山探险队也成功了。

从加德满都到圣母峰山麓，全程290千米，沿途上山下坡，或冷或热，乍雨乍晴，时而筋疲力尽，时而兴高采烈。横过下喜马拉雅山脉的推复体表面时，立刻会觉察近代人类是地形的改造者。大部分山坡辟成了梯田，砍伐森林后尚未耕种的山侧，有一条条冲蚀痕迹。向北望去，大喜马拉雅山脉似乎近在咫尺。山脊和扶墙似的斜坡，山谷和冰川，在阳光下总是一片乳白色，看上去好像悬在空中。

到达谢巴族人家乡昆布谷后，才能看清楚圣母峰的面貌。在伊姆嘉科拉峡谷上方海拔4千米的一个大冰川碛，从居高临下的桑伯奇喇嘛寺院眺望圣母峰，强风把白雪吹去，露出黑色金字塔形峰顶，阴森森地耸立在纽布孜峰和罗孜峰的巨壁后面。在这里仍然不易领略圣母峰多么高峻，因为前面有较近的阿玛达布兰山那座巍峨的钝顶峰遮住。

人们登山探险时，会在这座富有田园景色的喇嘛寺院休息几天，使身体适应山地气候。等到各种高山病症如恶心、呕吐、头痛、食欲缺乏、失眠消除后，就继续前进。攀上 4.6 千米高处，站在遍地碎石的昆布冰川前锋时，树木和人家都在登山员脚下。从这时候起，登山员进入了只有风雪冰石的环境中，以后的旅程就天天在这种环境中生活。登山员沿着天然的冰川大路，逆着缓慢的冰流上行（冰川移动极小，每年仅移动 45.8 米）。这条称为"幽灵径"的道路，在许多巨大的冰柱脚下通过。这种怪异的冰柱，是在融解与蒸发下形成的，有时高出冰川 26 米。

昆布冰川源于一个大"冰斗"。这个冰斗是圣母峰、罗孜峰及纽布孜峰三面环抱的圆形峡谷。英国人称为"西方冰斗"，是地质结构中较脆弱部分长久遭受侵蚀而成。昆布冰川在 6.1 千米高处从冰斗泻下，形成 0.7 千米的冰瀑，每天约移动 1 米。

人们就在冰斗下面 5.5 千米高处扎营，这大概是健康人能够长久适应的最高高度。这里的大气压力仅及海平面的一半，在圣母峰顶则仅及 1/3。在 5.5 千米以上，由于缺少氧，必有疲倦、体重减轻、一般体能减弱等现象。再加上严寒和烈风，都是在极高的地区工作或攀登时的主要困难。

瑞士人把西方冰斗叫做"寂静谷"。不错，它的险峻山侧可以蔽风，可是并非寂静无声。入夜后，峰顶强风飕飕与隆隆雪崩声，交织成不谐和的交响乐，使人无法入睡。在冰冷的夜间，不难想到圣母峰的冷酷与艰险。1924 年在圣母峰北坡丧生的马劳利曾致函友人说："这座山简直像地狱一般，寒冷而危险。说句老实话，这不是好玩的。遇险的机会极大，人在高山上，气力又太小。再往上攀登，也许是愚蠢之举。但是我怎能放弃呢？"

到 7 千米高处时，人们开始用氧。成败生死就系于登山员能否抵受得住缺氧的影响。不久，登山员们的鞋底钉刮到黄褐色的岩石。这里称为黄岩带，是圣母峰上古地中海沉积物的一种界标。这时登山员们已攀升到人类不能久留的地界了。

最后，山脊上的雪檐耸起在墨蓝色的天空背景之前。强风猛袭，登山员们把身体奋力前倾抵住风力。风势突然稍缓，顿失支持力，登山员们个个俯跌地上，然后爬起来挣扎前进，吸入一口气才走一步。身体疲惫不堪，急需要休息，但是意志则像雷达一样，始终集中在上空那个目标上。

终于到达天下最高的山顶，向北望去是紫褐色辽阔的西藏高原，向南望下去是"雪的住所"。远处，一片薄霾笼罩之下是印度平原。登山员们的心情又惊又喜，脑海思潮起伏："我现在站的地方，抬手即可采下云朵……在我脚下，有地球上最高处的化石，它们本是由海底而来，比我走得更高更远……我觉得自己很渺小，微不足道——还极度疲倦！"

↑ 喜马拉雅山

Part 3

奇山怪石之谜

神秘的九华山

　　九华山作为一个禅宗净土令人肃然起敬，但是这里又有着一些不解之谜，使人神往。来到九华山朝山或旅游的人，几乎都怀着一种崇敬和好奇的心情去月身宝殿朝拜，去百岁宫、双溪寺祈祷，因为这几个寺庙中都供奉着几个大德高僧的肉身。

　　圆寂之后的大德高僧的肉身不腐，是九华山最具神秘色彩的地方。

　　所谓肉身，就是指僧尼圆寂后，尸体没有腐烂而保持为"木乃伊"的状态。九华山地处长江南岸，这里雨水充沛，气候潮湿，不存在产生"木乃伊"的自然条件。况且，人们所说的"木乃伊"一般都是指经过人工处理后的尸体，例如埃及的木乃伊，就是在人死后，将内脏、大脑等组织取出，然后将尸体用药物处理保存。在中国新疆等地也曾经出土过木乃伊，实际上是干尸。由于当地气候炎热，人死后尸体很快脱水，而得以长久保存下来。但即使是在新疆干燥的沙漠地区，保存到现在的干尸也是十分罕见的。

　　九华山和尚的不朽真身已有 15 尊，现在供人朝拜的有 5 尊，最早的可以追溯到唐代。据《九华山志》记载，金乔觉于唐贞元十年 99 岁圆寂。金乔觉圆寂后，安放南台，盘坐在一个特制的大缸中，3 年后开

↑ 九华山

缸，不但肉身不坏，而且颜面如生，遗体绵软。按佛经上说，金乔觉是地藏菩萨化身应世，于是他的门徒就在南台建了三级石塔，将他的遗体陈至塔内。传说，三级石塔常在夜里发出光芒，僧人称之为"神光异彩"，于是便将南台改名为"神光岭"。

数百年来，凡是来九华山的香客居士，必先到神光岭的肉身宝殿朝拜金地藏，同时又观赏塔中塔、殿中塔这国内外罕见的建筑奇观。

九华山上的肉身十分神秘。被称为九华山"四大丛林"之一的百岁宫，是为了祭奠活了100多岁的明代高僧无瑕而建造的。无瑕和尚110岁时圆寂，僧徒们于是尊称他为"百岁公"。无瑕和尚死后数年，人们在石洞里发现他的不朽遗体和保存完好的《血经》，于是人们将无瑕和尚的遗体装金，建庵供奉，庵名为"百岁庵"。明崇祯三年，皇帝赐封无瑕为"应身和尚",赐庵名为"百岁宫",现在无瑕和尚的肉身就供奉在百岁宫内。

到了 20 世纪 80 年代,九华山又出现了一具大德高僧的肉身,这就是双溪寺的大兴和尚。大兴和尚也是一位传奇式的高僧,他生前衣着不整,成天脏兮兮的,说话也颠三倒四,人们都叫他疯和尚。其实他大智若愚,外憨内秀,话语常含禅机。他常为当地的村民看病,附近的村民都很喜欢他。1989 年大兴和尚圆寂后装缸,3 年后开缸,大兴和尚身体柔软,容貌也如生前,海内外的香客们都说他是神僧活佛转世,便纷纷捐资,将大兴和尚的遗体装金,供奉在他生前住持的双模寺内。

九华山的僧尼在圆寂后,不是立即火化,而是放进很大的瓦缸里。僧尼的尸体摆放成参禅的姿态,四周用当地产的木炭围起来。据介绍,木炭本来就是为火化做准备的。如果尸体在缸内腐烂,这些木炭就被点燃,尸体就在瓦缸内被火化。但是,一些尸体却因此保留下来。

僧尼缸葬后,一般情况下,如果发现有异常的气味,就说明尸体开始腐烂。但是,有很少的僧尼一直保存着肉身,这样在 3 年后开缸,就是"肉身菩萨"了。形成肉身后,首先是妆漆,3 年后再妆上金粉,这样就基本上可以把尸体与外界隔离开。这也许是九华山一些肉身能够保存上千年的原因之一吧。

九华山地处长江南岸,气候温和,土地湿润,为什么这几位和尚去世后 3 年遗体不腐,目前尚无科学的论断。肉身不腐成为科学不解之谜,但是这几具不腐真身,为九华山增添了更多扑朔迷离的神秘宗教色彩。

鸟吊山奇观

　　鸟吊山,在云南省大理白族自治州洱源县城西南 28 公里处。山上松林葱郁、白云缭绕。每年到中秋前后,这里便会出现大自然的奇观——百鸟吊凤。特别是中秋后 10 多天,当天空无月,云雾笼罩的夜晚,便会有成千上万的鸟儿飞来。这时,人们便在雾中燃起熊熊的篝火。据说,鸟儿透过云雾火光,会以为是璀璨奇丽的"凤羽",而成群地朝篝火扑来"凭吊鸟王"。这时,人们只要张开网兜,便可满载飞禽而归;有时鸟儿太多,甚至用竹竿向空中鸟群挥打,一夜之间便可以获得成箩鸟雀。这些鸟儿中,有山雀、鹦鹉、布谷、翠鸟、鸳鸯、黄鸭、太子鸟、大雁、鹭鸶等 2000 多种。有趣的是,所捕的鸟儿嗉子全是草叶、草籽等,而没有昆虫等"荤食",就仿佛百鸟特意斋戒以纪念涅槃似的。

　　有关鸟吊山的奇观,早在 1000 多年前的唐代就有记载了。前几年,有关科学研究人员深入鸟吊山考察,认为这里是候鸟南迁的中转站,这里昆虫本来就少,这么多鸟儿涌来当然只有吃素。飞鸟扑来,也是飞鸟对光线刺激的反应。

千姿百态的丹霞山

　　我们今天所看到的姿态万千的地貌景观，都有着一部厚厚的演变史，几百万年，几千万年，甚至几亿年，才雕塑成今日惟妙惟肖的形象。然而自然界的一切都在变，由不像到像，又由像到不像，所有大自然的美景都在经历地质史上的一个过程，"阳元石"、"处女渊"也不例外。

　　广东省四大名山之首——丹霞山，被誉为岭南第一奇山。丹霞山位于广东省北部，距仁化县城 8 公里，南面距韶关市约 50 公里。山体由红色砂砾岩组成，沿垂直节理发育的各种丹崖奇峰非常典型，是"丹霞地貌"的命名地。总面积 280 平方千米，主峰巴寨海拔 618 米。区内有大小石峰、石堡、石墙、石柱 500 多座，尤以阳元石、处女渊石造型最为奇特，被誉为"世界一绝"。

　　丹霞山的风景特点首推"雄"，充满阳刚之美。坐落在锦江之滨的阳元石，俗称"祖石"，其造型酷似男性的生殖器，高 28 米，直径 7 米，是该景区的"代表作"。有"不看阳元石，未到丹霞山"之说。

　　与阳元石遥相呼应的有座奇山，叫处女渊，俗称"少阴石"、"玉女贞石"，其形状和颜色都酷像青春美少女的生殖器，它外廓高 10.3 米、宽 4.8 米，内廓长 4.3 米、宽 0.75 米。这"生命之源"，撩开了少女羞涩的面纱，蕴涵着一份永恒而自然神秘的美。

许多人看了这两座奇石，纷纷提出了疑问："天下哪有这般怪事，造型有那么相似的石头，莫非是前人打造加工雕刻制作的？"

丹霞山，古人以其"色如涯丹，灿若明霞"而取名。锦江穿景区蜿蜒而过，形成以"丹山碧水"为主要特色的自然风光。由流水、崩塌、风化及溶蚀作用而形成的许许多多方山、砂砾岩峰丛、峰林及石柱等发育得十分典型，其中以阳元石、处女渊最为奇特。经过国家地质学专家考察鉴定，阳元石、处女渊石均为天然之作，乃大自然的鬼斧神工所造就！早在 60 年代，阳元石就被丹霞镇黄屋村的农民发现，当地农民都把这座怪怪的大石柱叫做"骡卵石"、"马卵石"。1992 年中山大学彭华教授考察后改名为"阳元石"。处女渊石是 1998 年发现的。

是什么力量造就了这块风水宝地呢？据专家研究，原来丹霞山区在地质构造上属于南岭中段的一个构造盆地，地质学家称其为丹霞盆。大约在距今一亿年前，南岭山地强烈隆起，盆地处于干燥环境，气候又十分炎热，泥沙在不断地沉积并逐渐被氧化，所以形成了铁锈色。距今7000 万年前，盆地中形成了厚度约 3000 多米、粗细相间的红色砂砾岩，

← 丹霞山

↑ 临水丹霞山

岩层一般呈水平状态，软而细的砂岩容易被风化和侵蚀，形成与岩层一致的水平凹槽式洞穴，比较坚硬的砾岩由于不易风化而突出为悬岩。现在，险峻的丹霞崖壁就是以前的崩塌面。在红色砂、砾岩层中，由于伴有石灰岩砾石和碳酸钙胶结物，在雨水的淋溶下常形成各种石笋、峰林、溶沟、石芽、溶洞等，甚至形成薄薄的钙华沉积，故人们又将其称之为"假喀斯特地形"。

丹霞山地区的地壳还在以每万年约一米的速度不断上升。大自然的鬼斧神工，造就了丹霞山今天的千姿百态。处女渊巧配阳元石，是大自然的千古绝唱！是大自然给人类塑造的爱情顶级珍品。这阴阳奇石的同地出现，是否在昭示着一份人性至美的回归？正因为有了阴阳之结合，人类社会才得以绵绵不断地延续下来。

狮子山兵马俑之谜

　　1984 年，在江苏徐州的狮子山脚下意外发现了大批汉代兵马俑，但令考古学家迷惑不解的是，俑坑中兵马俑的摆放非常凌乱，这在注重礼教的中国古代，是要冒杀头之罪的，是什么原因让工匠们敢做这种冒天下大不韪的事呢？而陵墓并未完工，为什么要仓促下葬？墓主人究竟是谁？随葬品不按礼制杂乱摆放究竟又因为什么呢？

　　1984 年 12 月 3 日，徐州狮子山村小学的几个学生出门玩耍，在采土场发现了泥土烧成的"小人头"，徐州市博物馆考古部主任邱永生很快赶到了现场。经过调查邱永生发现这些小人头竟是陶俑！事关重大，他立即找人封锁现场。12 月 5 日，考古专家王恺和他的同事来到这里。

　　两个多月后，上千人的陶俑群从地下凸显，出现在人们面前，蔚为壮观。

　　王恺说："这些俑，立的是步兵，坐的是驾车的驭手和车兵，俑坑中还有马俑，整个队伍里没有其他的动物俑，也没女俑，性质可以断定为兵马俑军阵。"在中国古代礼制中，只有皇帝或是身世显赫的人下葬时才能使用兵马俑。那么，这些兵俑的主人又是谁呢？

　　研究人员说，已出土的 3 处兵马俑，秦兵马俑出现在西安附近，西安是当时秦朝的都城；杨家湾兵马俑出现在陕西咸阳，也在西汉时期的首都长安附近；而徐州是远离首都的地方，从来没哪位皇帝葬在这里，不过徐州曾是西汉时期诸侯国楚国的都城。西汉时期，刘邦把天下划分成几个诸侯国分封给自己的兄弟，他的弟弟被封为楚王，管理以徐州为中心的楚国。徐州曾存在过 12 代刘姓楚王，他们死后都葬在了周围。兵马俑的主人会不会是这 12 代刘姓楚王中的一位呢？

专家介绍说，无论是秦俑还是杨家湾的汉代兵俑，俑坑都非常讲究、规整，而徐州的汉兵马俑俑坑四壁十分随意简陋，似乎根本就未作平整，坑壁上的土已松散脱落，俑坑底部凹凸不平。兵马俑摆设也过于草率，很多地方非常凌乱，有的每排只有两三人，有的每排却达到了十几个人，根本没有军队的队列和阵形。

葬礼在中国古代是最重要的礼节之一，这个俑坑中却出现了这么多细节上的不周到，说明是工匠仓促地把兵马俑随便往俑坑中一扔就完事了，这是要冒杀头之罪的，是什么原因让工匠们敢做这种冒天下之大不韪的事呢？

问题的关键还是要找到主墓。然而，狮子山虽然不高，但方圆也有几千米，怎么找呢？

1991 年的一天，王恺从山上寻查回来，看到两个老汉在村口下棋，像往常一样，王恺凑了上去。闲聊时，其中一个人冒了一句："听人说，早年有人在山上挖过两米多深的红薯窖。"这普通的一句话，让王恺就像触电一样，浑身一震。对狮子山非常了解的王恺深知，这是一座地地道道的石头山，土层很薄，几十厘米的土层上怎么可能挖出红薯窖呢？这只有一种解释：山岩之中的大面积泥土可能是后来人为搬运而来，难道红薯窖正好挖在了墓穴的填土层上？

王恺迫不及待地来到狮子山张立业家的老宅处。老宅子位于狮子山主峰南坡的半山腰处，已多年无人居住。挖了两天之后，第三天，向下挖掘时碰到了石头，就在这块石头上，王恺惊喜地看到了人工开凿的痕迹！王恺知道，这可能是深埋千年的古墓墓道墙壁！

经过几个月的挖掘，1995 年 2 月 25 日，陵墓的外围已经全部清理完毕，就要进入主墓室了，考古队召开了一次会议，领队决定让邱永生第一个进入主墓进行探查。

邱永生说："爬了大概 10 米，腰是直不起来的，看到里边情形有点恐怖，有好多树根穿透了墓室长到里边去。"

邱永生继续往前爬，已接近墓室最深处，他知道，这附近就是放棺椁的地方，墓室里棺材的情况到底怎样，是这次探查最核心的问题。

但当邱永生靠近棺椁仔细观察时发现，棺材的形状已经不存在了，放棺材的地方有好多白花花的东西，条形的，走近一看，原来是骨头。

地上有脊椎骨、大腿股骨，邱永生明白了，这是人的尸骨，但特别散乱，似乎被什么人拉动过了。会不会就是墓主人的尸骸呢？

考古人员组织了两个工程队，动用了撬杆、钢丝绳、卷扬机，甚至起重机，费了九牛二虎之力，终于把封堵墓门的十几个五六吨重的塞石移走。不敢想象，2000 年前的古人是怎么把它们弄到墓中来的。

封闭 2000 多年的地宫被彻底打开。

在一间清理后的侧室中，考古队员看到了让他们大惑不解的现象：墓室墙壁有的地方比较粗糙，似乎只用凿子凿了凿，但有的地方却完全不一样，很平整，显然是凿过后又进行了加工，为什么同一面墙壁既有粗糙面又有平整面呢？墙壁显然应该都是平整的，为什么没彻底做完呢？这和兵马俑军阵的凌乱非常相似，2000 年前在墓主人的身上到底发生了什么?

　　考古队员来到了甬道东面的最后一个侧室,就是邱永生看到尸骨的地方,遗骸会是楚王的吗?

　　骨头到处散落,还有一些堵塞七窍的玉石,专家估计,墓主人死后约100年,这个墓就被盗了。当时盗墓贼扯下金缕玉衣到洞外去挑拣金丝,尸骸被抖得七零八落,尸骨应该就是楚王。最后,随着一系列古书的佐证,终于证实了狮子山下就是一座汉代的楚王墓。

↑　狮子山兵马俑

千奇百怪的石头

　　大千世界中，有一类怪石以其外形的千奇百怪给人以美的享受。它们或雄伟壮丽，或清秀玲珑，或状如人类样。这种怪石无论有多怪，总能在它们身上找到自然雕琢的烙印。还有一类怪石，也许它的外形并不奇特，却有着谜一般的特性，令人百思不解。

1. 风动石

　　泉州灵山上有一块巨大的风动石，上刻"碧玉球"3个大字，故称"玉球风动"。它是一块天然奇石，略呈长方形，上端四角稍圆，下部一边贴在山岩上，另一边向外斜削，形成一道隙缝，远远望去，奇石宛如玉球。每当大风来时，发出跑步的震动声，乍看像是摇摇欲坠，惊险异常，其实稳固无比，有惊无险。每有游人至此，都喜欢一显身手，使出浑身力气推摇，仿佛看见玉球在摇动，并闻嘶嘶声，其实玉球纹丝不动，实为奇趣，所以古来就有人在石上篆刻"天然机妙"等题字。

　　这块奇石高4.73米，周围要10多个人牵手合抱，估计重约50吨。一般外来的拉力和推力，只能使它像"不倒翁"一样，一晃一摇的，就算歪斜了，也会立刻恢复到原处。

这块巨大的风动石的来历，众说纷纭。有人说这是一块自天而降的陨石；也有人认为是海陆变迁时，从海底推上来的；还有人推测是地球上的冰川时期，由大陆内部漂浮过来的，搁浅在这儿的冰川遗迹。然而，科学家们还无法对"玉球风动"的现象作出科学结论。

我国福建省也有一块奇妙的风动石，其奇妙之处同样令人惊疑。

在福建东山岛铜山古城东门海滨的悬崖峭壁之上有一块奇石——风动石。石高 4.73 米，宽 4.75 米，长 4.69 米，形似古猿人的头部化石，斜立于一块卧地盘山石上，两石吻合点仅 0.33 平方米。

古往今来，不知有多少游客，或合力以双手操之，或运气以两足蹬之，都只能使它摇晃，而不致翻倒。如果找来瓦片置到石下，选择适当位置，一个人就能把这硕大的奇石轻轻摇动起来。此时，瓦片"咯咯……"作响，须臾化为粉末，奇石摇动的轨迹就更明显。令人百思不解的是，无形的风竟能使它摇晃。更叫人称奇的是，"七七事变"后，日军陆、海、空部队 3 次武装血劫东山岛，连风动石也不放过，动用军舰把钢索系于石上，开足马力企图把奇石拉倒。突然"嘣、嘣……"几声，钢索断为几截，鬼子的妄想也随之断了。

2. 气象石

1988 年，在川鄂交界的四川省石柱县马武乡安田村，也发现了一块能准确预告方圆几十里天气变化情况的"气象石"。

马武乡地处沟壑纵横的土家山区，交通闭塞，文化经济落后。长期以来，农民们习惯以土法识天气，耕田种地，偶因当地有几位土家族农民常到一块石头上歇息聊天，才发现了这块石头的变干变湿，与天气变化极为密切：当水珠汇集于该石表面的某一方时，预示那一方将要下雨；当水珠汇集于石头中部预示当地即将下阵雨；当水珠布满石头整个表面时，就预示着将要下大雨。更神奇的是，每当石头表面潮湿变黑时，即预示着阴雨连绵的天气来临；当石头表面由潮湿转干发白，就告诉人们久雨不晴的天气很快要结束，同时阴见晴的天气即将来临；如果石头冒蒸汽则是多云有雾、气温下降的预兆。

有些石头在大雨来临前有回潮现象，但如此准确、变化多端的石头，有关专家一致认为还是一个令人感兴趣的谜。

3. 漂浮石

我国湖南省祁阳县有一种石头，能在水中漂浮。这种石头的硅质瓣呈多孔洞组成的斑点状，好像干丝瓜筋，它的颜色有深红、灰褐、灰白，比较坚硬，然而它的比重相当小，因此，当地群众称为"水漂石"。专家们正在对它进行研究和加以利用。

4. 自爆石

我国四川南部的石蔺县与贵州交界的高山上，有一块自我爆炸的天然巨石。它高约20米，周长约40米，顶部面积约100平方米，属菌性红沙包巨石。一天下午，突然一声巨响，1公里外都能听到，巨石爆裂为4块，其中1块飞出30多米远，其余3块鼎立而形成两个天然窟窿。

5. 冰洲石

近几年来，我国湖北、江西、广西、四川、吉林、贵州、陕西等省的许多地区，都发现大量的"冰洲石"，蕴藏居世界首位。"冰洲石"洁白透明，呈菱形结构，用它看物给人以立体感。它是一种非金属矿，是航天工业必用的材料。它比黄金还贵重，目前，国际市场上每千克价值可达5万美元。

6. 包铁石

在我国湖南澧县的天供山森林公园发现了一块"石包铁"奇石。它重3千克，先呈灰白色，清洗后为褐色，石头中镶嵌着一大一小不规则的管状金属圆圈，石龄约为3.5亿年。石内含有26种金属元素，强度很高，检测取样时折断了三根高碳钻头。据分析，它的来源：一是自然形成；二是外星人或上古人制造。

7. 臭石

我国四川省射洪县金华山内有一块奇特的石头，它形如人脑，有许多褶皱，石呈青灰色，重约150多千克。如有人硬物敲打，立刻散发出一股难闻的腥臭气，故当地人称它为"臭石头"，还编出附会的历史传说。

8. 石林

我国云南省路南县城东北9公里处的山峦上有许多千姿百态的岩石，犹如密林耸立，它就是闻名中外的"石林"。石林中众多的石柱天然造型，有的像彬彬有礼的文人；有的

↑ 路南县石林

像威风凛凛的武士；有的像饱经风霜的老人；有的像天真活泼的少女；有的像在打拳；有的像仰天大笑；还有的像栩栩如生的各种动物。总之，这里是童话世界。

9. 星相石

我国江苏灌云大伊山有一块 2000 多年历史的"星相石",面积 50 平方米,石面平整光滑,上面刻有大约 200 个圆窝窝,代表主要星斗,是银河系的缩影。西头一颗最大的代表太阳,离太阳最远的一颗如冥王星,共 9 颗组成一组。远在商朝,古人没有射电望远镜,怎么知道 9 大行星及其位置,真是一个谜。

10. 天水石

在三峡大坝附近的长江牛肝马肺岩上,发现一个奇特的大孤石,石长 8.3 米,宽 6.2 米,高 4.2 米,5 面裸露,顶部光滑平整。奇怪的是,孤石上有一个长 1.2 米,宽 1.1 米,深 0.65 米的小坑。坑内一年四季水不干,即使遇到特大干旱,附近水井水沟干涸,而坑内仍然水满。至今这个小坑的水尚不知从何而来。

11. 大钻石

钻石,俗称金刚石,1000 千克矿石中才能找到 0.05 克钻石,因此它特别珍贵。目前全世界已发现的特大钻石有 20 颗。其中最大的一颗叫"库里南钻石",重达 3025 克拉(1 克拉等于 0.2 克),英王王冠上镶的那颗重 530 克拉的"非洲之星",就是用"库里南钻石"雕琢成的。我国山东省发现"常林钻石",在世界 20 颗特大钻石中列第 14 位。

12. 鸡血石

我国浙江省昌化地区玉岩山中发现一颗珍贵的鸡血石,它颜色鲜红如鸡血,因而得名。它晶亮透明似美玉,与珠宝钻翠齐名,在国内外素负盛誉。这颗鸡血石高 19.5 厘米，每边阔 6.5 厘米，上端斜向一面，整个石身如同一枚印章。它被日商以 1.4 万元人民币买去。

13. 巨型玛瑙

玛瑙是一种稀有的非金属矿物，为二氧化硅胶溶体的沉积结晶状物体，硬度为摩氏 7 度，是一种贵重物品。我国山东省费县发现一颗巨型玛瑙，呈青灰色，半透明状态，重量达 1102.5 千克，体积约为 1 立方米。

14. 特大琥珀

琥珀是古代松柏树脂落入地下，经千万年地壳变化而形成的一种化石，它可作为名贵的中药和装饰品之用。我国河南省西峡县发现一块特大琥珀，重达 1366.5 千克。

15. 大宝石

1982 年 7 月缅甸的卡曼恩采矿区发现一块世界上最大的巨型玉石，它表面看起来像普通的岩石，里面却是纯绿宝石，有 33 吨重，价值几百万美元，曾在缅甸首都仰光展出过。

16. "中国兰"大理石

我国河北省承德市上谷乡，发现一种品位极高、较为稀少的特殊大理石矿床。这种大理石像钻石一样，呈六角形，放出五彩光点，据勘测，蕴藏量达 8000 万立方米。目前，世界上只有意大利等少数国家有这种大理石品种，它被地矿部命名为"中国兰"。

17. 水晶奇石

我国江苏省地矿调研所，1995 年发现一块内含 12 个水胆的水晶奇石。这块天然水晶石呈浅茶色，高 7 厘米，宽 5 厘米。在透明的石中，肉眼可见 12 个千姿百态的水胆。水晶石有水胆被誉为天然奇石之冠，含有多个水胆的天然水晶就更为罕见。

18. 弹性石

我国四川省大足县有一个石坡，石坡上有两处石头有弹性。在这个长 10 米、宽 6 米的石面上，只要人在上面一跳动，它就会把人弹起来，而且周围 3 米宽的石面都会颤动。如果石面上站几十人，只要有一个小孩跳动，几十个人都会颤动。当地人称此为"跳石坡"。这里的石头为什么有弹性，人们还未解开它的奥秘。

19. 五绝石

南京刘宇一教授 1989 年在六合雨花石产地，发现一枚奇石有五绝：一是石头的一面有明显的中国大陆地图轮廓，而且显现出台湾与海南岛；二是大陆版图的北部，沿国境线有条巨龙盘踞，口含明珠；三是巨龙上部有一金黄色点，酷似金元宝；四是大陆版图中部有一条由浓而淡的红色，象征生命之火；五是石头的整个外形酷似民间吉祥物"长命锁"。因此，这一奇石被命名为"神州五绝石"。

20. 变重石

我国云南发现一块重量会变化的怪石，这块石头椭圆形，外表呈黑色，两头有花纹，重约 20 千克。最令人迷惑不解的是，该石块的重量天天会起变化。最轻时 20 千克，最重时可达 24 千克。有人以此石当做文物走私而被查获。

21. 奇影石

在四川省红原县有一块神奇的大石头，从近处看光滑无奇，若在早上晨曦之中，或下午夕阳反射之时，人们站在远处，石上像电影屏幕一样，映出各种景象，生动逼真而变幻莫测。当你站在 200 米左右处，石上影像形似大象抬头；若在 400 米左右处，看到石上金光闪闪，有形似身着古装的人影，姗姗走动。

22. 奇声石

我国浙江省龙游县有一块奇石，长约 35 厘米，宽约 10 厘米。只要有人一脚踏在此石上，耳边就会响起飞机的轰鸣声，细听还夹有溪水瀑布声。多年来，许多人慕名前往体验，无不称奇。在广西靖西县有一怪石，形似一头伏首俯望的灰牛，巨石表面光滑，中间和底部有许多天然洞孔，一旦有风吹进洞孔，便会发出一阵阵牛叫声。贵州赤水市有一石梯，共 360 级，石宽 2 米，有人踏上石梯，就会发出咚咚的鼓点声，在 5 米之外都能听清，当地人称为"地鼓"。

23. 水下碑林

我国四川省涪陵市长江与乌江交汇处的名叫白鹤梁的江中，有一道岩石巨梁，长 1500 米，宽 15 米左右，石梁上有 163 处雕刻着若干石鱼，由线雕、浮雕、立体雕等不同刀法雕刻而成。石梁上还雕刻记录了从唐代到清末 12 个世纪中 72 次长江枯水情况。就是历时 1200 多年的长江"水下碑林"。

24. 泼水现字画石

我国四川省仁寿县境内的黑龙滩风景区有一处岩壁，中间刻有石龙和佛像，两侧岩壁光洁如新，了无痕迹，若有人泼水其上，右侧立显一行行楷书大字，而左侧显示一幅功力深厚的墨竹画。随着水汽的消失，字画也就隐没，石壁上并无墨迹与刻痕。这一奇迹历时 900 多年而不得其解。在内蒙古东部科尔沁草原的"有字的山"脚下一泉水石壁上，用泉水一泼，便会出现字迹，待水干了，字迹也就消失了。这些字迹十分古怪，如用大毛笔书写，字类似蒙、藏文，有的横行，有的竖行。它是何时何人所写，是怎么写上去的，至今无从考究。

25. 飞来石

我国江西庐山等地都有飞来石的胜影，然而广西壮族自治区阳朔县漓江的双滩沙湾浅水处，1995 年 4 月 25 日下午在乌天黑地、电闪雷鸣、风雨交加之时，不知从何处飞来一块巨石。它形似海马又似老鹰，长 2.3 米，头高 1.3 米，尾高 0.7 米，腰宽 1.3 米，估计重约 2 吨多。

26. 我国江南三大奇石

第一块是杭州花圃的绉云峰。此石高 2.6 米，狭腰仅 0.4 米，以瘦、皱为主要特色，于明末清初发现。第二块是上海豫园中的玉玲珑。此石高 4 米多，重约 1 万斤，是宋徽宗时发掘的太湖石。第三块是苏州留园的冠云峰，又名瑞云峰。此石峰高 6.5 米，重 5 吨余，以瘦、秀著称，北宋期间遗落于此。

27. 我国四大章石

福建福州郊区红寮乡寿山村的"寿山石",浙江青田县的"青田石",浙江临安县昌化镇康山的"鸡血石",内蒙古赤峰市林西、巴林县的"林西石",为我国著名的四大章石。它们的共同特点是质地细腻、微透明、色泽明润,具蜡状光泽,手感润滑,用来制作章石、笔架、雕像、摆件等,备受文人墨客的钟爱。其中寿山石中的精品"田黄石"被称为"石帝",其价值高于黄金。

28. 会开花的石头

在泰山脚下有一个石文化陈列馆,馆内陈列着一块自然奇石,这块石头竟能开出花来。

这块石头高约 30 厘米到 40 厘米,形状好像昂着头的海豹,石头表面有鼓出的密密麻麻的白色的"花蕾",这些"花蕾"过不几天便依次开出一朵朵褐红色的小花,花朵直径 0.5 厘米到 2 厘米不等。花开败后,花花相连,便形成一层新的石头。

据泰山管委会负责人介绍,这块奇石是山东省新泰市宫里镇王周祥老人几年前从村南山坡上捡回的自然青石,后随手放在家内墙边。不久,王周祥发现,这块石头不仅会开花而且在长高。消息传来,周围许多农民到王家争看这一奇观。为保护这块自然奇石不遭破坏,王周祥老人专程把它送到泰山石文化陈列馆陈列。

据悉,这块石头 3 年长了近 6 厘米,地质部门有关人士初步鉴定认为,青石开花可能是石灰岩聚遇空气水分发生分解而产生的。

29. 茴香石

在广西壮族自治区，还有人发现了一些"茴香石"。它们看上去跟普通石头差不多，外表呈棕褐色及不规则的三角形状。它们的独特在于能散发出一种极为浓郁的茴香气味，这引起了人们的关注和好奇。如果你想悄悄弄走一小块石头，它还会表示抗议。因为一旦石头离开它的母体，就再也散发不出任何香味。真是好奇怪的石头！到底是什么原因让这些石头拥有了神秘的香味呢？这至今仍是一个谜。

龙池怪石奇观

　　龙池湖边，有一片六七百万年前喜马拉雅山造山运动形成的三角形原始怪石群落区，面积约300亩。这就是龙池著名的自然奇观"石窟迷宫"。

　　本来不该有花岗石的地方却密密麻麻地布满了坚硬的花岗石。这些千奇百怪的花岗石交错对峙，数以万计，轻的至少三四吨，而重的却高达万吨以上。根据地质结构论证，龙池地区本来没有花岗岩，那么这些巨大的花岗岩从何而来呢？它是从太空中来的"天外飞来之石"吗？还是从其他山上飞来的呢？假如真是"飞来石"的话，那么如此沉重的石头从遥远的地方飞来掉在地上应该有深而大的巨坑，为什么地质学家四处寻找也没有发现大坑呢？

　　而且更奇怪的是，在这些坚硬的、寸土皆无的花岗岩上居然会长满厚厚的苔藓和各色珍稀树木。令人费解的是，那些生长于光秃秃的岩石上的树木和野草是如何吸收营养的呢？它们又如何抵抗风沙的吹袭呢？而且有些树木本已枯死，偏又派生出三种或五种不同类别的枝干，成为另一道独特的景观。

　　最不可思议的是，这些分布于龙池湖边的巨大花岗岩，不是零乱地散落在一起，而是非常有规律地堆成三堆，就像古老的三星堆一样形成一个三角形。传说中这是天外飞来镇锁白龙的石头，然而传说毕竟是传说，这个谜却一直未曾解开。这个三角形是否与古蜀文明三星堆有着某种内在的联系？它是否像金字塔、巴特农神庙、复活节岛上的巨型石像、巨大地图一样是一种无法用目前的科学技术和理论来解释的远古文明？

甚至，我们不排除这是某些外星生命留在地球上的一种记号，或者说是外星文明为方便以后回到地球，而垒砌的一种神秘的标志。

↑ 龙池怪石

Part4

奇湖怪井之谜

神奇的玛瑙湖

　　玛瑙也许并不罕见，但如果说有一个地方，在几十平方千米甚至更大的面积内，遍地都是玛瑙，恐怕就没多少人敢相信了。然而，在内蒙古西部的茫茫戈壁之中，就有一个神奇的"玛瑙湖"。玛瑙湖的总面积大约 4 万平方千米，仅湖心地区就达几十平方千米。湖里不但有玛瑙，还有蛋白玉、风凌石、水晶石等多种宝石，是一处名副其实的璀璨宝地。但它地处内蒙古西部的茫茫戈壁之中，使得世人很难见到她的真面目。

　　普通玛瑙在宝石中的价值并不高，但是其中的珍品却价值连城。在玛瑙湖就曾发现过世界上最为奇特的"玛瑙雏鸡"。从表面看它似乎就是一个鸡蛋形的石头，然而，当科研人员用激光照射这块鸡蛋形的石头里面时，眼前的奇迹使得他们简直不敢相信自己的眼睛。原来，在石头里面竟然有一只化石小鸡，小鼻子、小眼睛、小嘴巴清清楚楚、栩栩如生。通常的动物化石是硅化物，而这只活灵活现的小鸡却俏皮地身处亿万年风雨的杰作——玛瑙之中。这种罕见的奇观令人惊叹不止又困惑不已。

千岛湖水下古城之谜

在风景如画的千岛湖下，沉睡着两座千年古城：贺城和狮城。1959年，为建设新安江水电站，原淳安县、遂安县两县合并为现在的淳安县，29万人移居他乡，两座具有千年历史的县城淹没在水中，形成了烟波浩

↑ 千岛湖美景

↑　水下古城

渺的千岛湖。40多年过去了，两座古城现在还在吗？她会是怎样一个情况呢？她会不会成为千岛湖旅游项目开发又一个亮点？不久前的水下古城探秘，初步揭开了在千岛湖底沉睡40年的遂安古城的神秘面纱。

　　目前，千岛湖旅游局组织有关方面专家，并从北京邀请了6名潜水员，并带来了国内先进的水下摄像设备，来到被淹水底的遂安古城进行考察。遂安县城俗称"狮城"，建造于公元208年，距今1800余年，地处现在的千岛湖风景区茅头尖水域，距千岛湖镇约40公里。考察人员在第一次古城考察的基础上，根据新安江水库形成前后的地图和知情人回忆，确定了古城区域。当天湖面风浪较大，工作船无法定位，考察小组决定由两名潜水员入水定位。入水后不久，传来了令人振奋的消息：古城城墙找到了，同时还从水中打捞起一批城墙砖、瓦片、餐具等物品。

在做好水下拍摄准备工作后，4名潜水员带着摄像设备同时潜入水下，此时湖面温度高达27℃，而水下温度只有20℃。在穿过一片乱砖堆后，潜水员发现一堵用大块条石堆砌成的石墙，一条石墙上开凿的痕迹清晰可见，墙表面非常平整，墙体高大，厚度在3米以上，顺着石墙往前移，一个半圆形的空洞出现在潜水员面前，上面布满了藻类，四周还镶嵌着若干大铁环，至此可以肯定，这就是雄伟的"狮城"古城墙和城门。古城墙依山势而建，此处城墙处在水下24米处，保存得很完整。接着，在水下26米处又发现了一幢砖墙、木窗依然完整的民房，房梁安然立着，房内的木楼梯完好无损，它证明这座千年古城有很高的旅游开发价值。

这次水下考察探秘，对在水下沉睡40年的千年遂安古城有了初步认识。千岛湖风景旅游管理局还将组织有关人员对它作进一步考证，相信不远的将来，水下古城将成为千岛湖旅游又一亮点。

大明湖的难解之谜

　　近年来，随着时代的发展与科技的不断进步，这些困扰着古人们的四大谜已经有三个被我们解开了。所谓的"蛇不现"是因为大明湖内的水鸟众多，使得蛇类很难在其中生存下去；而"恒雨不涨"，则是因为大明湖的出水口众多，当水涨时候，自然而然就流了出去；至于"久旱不涸"，则是因为大明湖的湖底为质地细密的火成岩，致使源源不断注入湖中的泉水不能下泄。但是对于"蛙不鸣"之谜，时至今日仍无人能找到一个合理的答案。

　　所谓的"蛙不鸣"现象，其实并非大明湖所独有的，在河南、湖北等地，也存在着青蛙不叫的现象。

　　河南省新野县有一个奇怪的湖，名叫弹子湖。据《嘉靖邓州志》记载："弹子湖在板桥铺西，世传光武帝当年游息于此，闻池蛙喧闹，以弹击之。至今池内有蛙不鸣。"而在湖北省当阳县的玉泉寺内的丹池里，青蛙也是不叫的。

　　现在对"蛙不鸣"现象大体有三个解释：

　　第一个解释：由于大明湖水是泉水汇聚而成，因此水温较低，只有水温超过 23℃后，青蛙才会鸣叫。

第二个解释：大明湖的湖水是地下水形成的，因此富含丰富的矿物质，而这些矿物质中，可能有一种矿物质会影响到动物的声带，使得它们无法鸣叫。

第三个解释：大明湖的青蛙不鸣是由于大明湖的自身特点造成的，大明湖属于深水湖，而青蛙则喜欢在有芦苇的浅水区里鸣叫，因此大明湖的青蛙不会鸣叫。

究竟哪个解释是正确的，看来还得科学家们对之进行深入研究，相信将来的一定能解答这个问题。

↑　济南大明湖翠柳屏

神奇的井

1. 红水井

我国福建省清流县有口古井，平时井水清澈透明，但有规律地涌出的是红水，每隔 20 年左右涌出一次。据记载 1930 年、1949 年、1976 年曾 3 次涌过红水，波光潋滟，十分神奇。根据经验预测，2012 年将再

↑ 红水井

次涌出红水。涌出红水的原因至今不详。

2. 古井水葡萄

我国浙江省湖州常照寺内有一千年古井，井内长有形似葡萄、绿色晶莹的植物。这种"水葡萄"入口甜蜜清凉，消暑解渴；煮熟后有一种浓郁的葱香，鲜美可口。这种"水葡萄"摘完后，又会重新从井中长出来，实在令人称奇。

3. 井中"白肉"

1993年7月中旬，我国河北省完县李司庄村打井，当钻至地下117.3米深处时，孔中喷出大量如碎肉般的物质和血样液体。"碎肉"乳白，大块有15厘米长，10厘米宽，1厘米厚，有0.25千克重。小块也有150克重。鸡犬争食"碎肉"，人熟食也无不良反应。

4. 清泉不绝的海滩古井

我国广东省南澳岛的前海滩有一口神秘的古井。古井用花岗岩条石砌成，呈正方形，口径约1米，深约1.2米。在这样一片连接滔滔大海的海滩上，怎么会有这样一口古井呢？尤其令人不解的是，尽管古井常常被海浪、海沙淹没，一旦显露，井泉仍奔涌不息；尽管四周是又咸又苦的海水，涌出的水却质地纯净，喝之清甜爽口。

据《南澳志》记载，1277年冬，元兵大举入侵南宋。南宋大臣陆秀夫、张世杰等护送年仅11岁的皇帝赵景及其弟赵昺和杨太后等仓皇南逃。他们乘船登上南澳岛，修建行宫，挖筑了水井。但不知为什么，人们后来见到行宫遗址，却不见水井的影子。

1962 年夏，当地一位青年在海滩上发现了一口水井，并在井石四角的石缝中捡到四枚宋代铜钱。经有关部门考察分析，发现古井所处的海滩

↑ 神奇的井

原是滨海坡地，后因陆地下沉，形成海滩，古井也就被海沙吞没了，难以被人发觉。但当特大海潮袭来，惊涛骇浪卷走大量沙层，古井便会显露。这种露井现象，自 1962 年后又出现过几次，并且都是在强台风掀起罕见的大海潮之后。

古井井水并非咸水或半咸水，即使将苦咸的海水倒入古井，一会儿之后，井水依然纯净甘甜，令人称奇。有人分析认为，当雨水降落在地表后，一部分渗入地下，由于古井所处的海滩，地势较低，渗入到地下的水便向古井海滩汇集。一旦井露，地下水就有了出口，在水位差的压力作用下，就会在井底形成泉涌之势。同时，因为古井底质为沙，沙的孔隙中的水质点较为稳定，淡水和咸的海水混合非常缓慢，海水比重大于淡水，所以淡水可以浮在海水表面。

但古井水质异常纯净的问题仍给人们留下了谜。有人用水质纯度测量表测得古井水比当地的自来水还要纯净，储藏数年而不腐，这实在令人难以理解。

会变色变味的古井

湖南省洞口县竹市镇荷池村，有一口长宽各 1.5 米，深 2 米的近似四方形的石井。数百年来，井水一直清澈、甘甜，是当地百姓饮用的水源。可是，1979 年以来，每逢下大雨前的一天或两天内，井水就会变成棕红色，且水味也变得苦涩。这种现象每次持续 2 ~ 5 小时，然后井水又恢复原状。为什么这口古井的水会随天气变化而变色变味呢？至今人们还不得其解。

← 古井

具有显微镜功能的奇特古井

　　显微镜是现代科技的一项重大发明，它能让我们清楚地看到肉眼所不能看见的种种细微之物，方便人们做那些针对细小物体的科学实验。如果说在我国古代就有人发明了这种技术，你一定不会相信吧。不管是奇迹还是巧合，今天的人们还真发现了这样一处奇特的古井。它具有显微镜般的奇特功能。如果把细小的东西扔进井里，在古井上面，人们仍能清楚地看见躺在井底的东西，包括它的轮廓及上面的纹路和字迹。这是不是非常神奇呢？

　　具有显微功能的古井位于业已发现了铜奔马的古凉州雷台汉墓。它位于距地下墓道入口两米的地方，它的全部基身都是由汉代古薄砖砌成的。不知道这些古薄砖具有什么独特之处，当人试图把手伸进井里，就会感觉到刺骨的寒气，让人无法忍受。这个古井以前究竟是做什么用的？难道古人真拿它当做显微镜用吗？这似乎太不可思议了。那么，如果显微功能不是刻意造成的，那么它就是一种自然的奇迹，而这又作何解释呢？有人认为是由于光的原因，古井里的灰尘在光的照射下可能形成某种折射，从而达到了放大的效果。也有人说奥秘就在那些汉代薄砖本身，它们的雕砌方法可能无意造成了这种奇特的效果。然而，这些解释都不能令人满意，人们仍期待着更为合理的解答。

饮鹤泉井之谜

　　饮鹤泉实际上是一口古井，开凿于何年已不可考。据北宋地理名著《太平寰宇记》载："有井在石佛山顶，方一丈二尺，深三里，自然液水，虽雨旱无增减。或云饮之可愈疾。时有云气出其中，去地七百余尺。"这则记载带有传奇色彩和夸大的成分，似不可信。但其非同一般是可以肯定的。深受道家思想影响而又善于养生的苏轼将它称为"好井水"，他写给云龙山人张天骥的诗中有"闻道君家好井水，归轩乞得满瓶回"。你看，他离开张山人时，还要装上一瓶清冽的井水，带回府衙慢慢饮用呢。

　　苏轼称赞其为"好井水"，贺铸则称之为"惠泉"。贺铸与苏轼是同代诗人。元丰五年，他在《游云龙山张氏山居》一诗中，写下"惠泉烹凤团"的句子。（"凤团"是北宋时的高级茶品，饼状，上面印有龙凤花纹。）随着放鹤亭的声名远播，石佛井渐被人们叫做饮鹤泉了，亭泉相依，共荣共存。此后的千余年间，饮鹤泉屡浚其塞，皆为游人出于好奇投掷瓦石所致。疏浚后，水质不变。

　　明成化二十三年，所立的《重修石佛寺》的碑文说："有井在山顶，弃而不食者累年，发其瓦砾，甘美如初。"100多年以后，明熹宗天启三年，徐州户部分司主事张璇又进行一次疏浚，为之立碑。碑上是其亲笔手书的3个尺幅大字——饮鹤泉。并在上端冠以"古迹"2字。到了清咸丰九年又疏浚一次，也有碑记为证。碑文解说："不五丈而得泉，甚甘。"可见其水一直为历代的人们所推崇。

↑ 饮鹤泉

新中国成立后，水深尚有3尺，后因乱扔石瓦而堵塞干涸。1962年曾重淘井泉。当时的施工人员曾下井测量，井深24.6米，和归志上记载的"七丈余"相符，井壁系穿岩凿成。井壁的北面和西南面有两条细缝，可能是"自然液水"的通道，但已经干了。这就引发了人们的诸多联想：这个被古文献称为的古井到底有多古呢？已知云龙山在宋之前叫石佛山，因山有石佛而得名。而石佛的雕凿始于1500多年前的北魏，这井是否与石佛同时开凿的呢？在当时的条件下，既无先进的勘测仪器，又无先进的开凿工具，穿岩凿石难度大点，古人怎么会把井址选在此处？它的开凿者是谁？又是怎样开凿的呢？这一切，可能都是一个难解的恒久之谜了。

Part 5

奇洞异岛

涌鱼的洞穴

　　人类对洞穴的研究是从 21 世纪初开始的。近百年来，经过生物学家和洞穴专家的努力，人类对洞穴有了许多的了解，能够解释很多有关洞穴的神秘现象，但仍存在着许多未解之谜，洞穴涌鱼就是其中之一。

　　涌鱼的洞穴在中国为数不多，主要有官封鱼洞、鱼泉洞、没六鱼洞、鱼山洞等。涌鱼的时间各不相同，有的在春季，有的在夏季，有的在每年春天第一声惊雷之后。持续的时间也不同，有的几天，有的几个月。由于洞穴环境无光，湿度大，温度变化大，使得在洞穴泉水中生存的鱼不但品种珍贵，而且形态各异，是鱼类中的珍品。

1. 没六鱼洞

　　没 6 鱼洞位于广西省南宁和百色之间，在平果县城东南 1000 米处。这里山石奇巧，洞幽泉涌，属于石灰岩溶洞。全洞共长 70 多米，与右江附近的几条小溪相通。据史料记载，没六鱼洞在 300 多年前被逃荒的百姓发现，那时溶洞口及通道十分狭窄，人出入要弯腰爬行，山上杂草丛生，无路可攀。1978 年改革开放后，国家为发展旅游事业，拨专款重建和拓宽了洞口及洞内通道，铺设了上山的道路。没六鱼洞中的涌鱼属珍贵鱼种，经有关专家鉴定，此鱼为岩鲮，是鲤科岩鲮属，当地人称之为"没六鱼"。岩鲮是没六鱼洞里暗河的特产，它生长在清凉阴暗的地下河流中，以摄食岩石上附生物为主。每条不足3000克，鱼嘴长在头下边，下唇肥大，和常见鱼种不同。每年春夏之交，或冬至前后，鱼随着洞口喷涌的流水游出。由于终生在暗河中生存，它已不适应溶洞之外的环境，出洞几天后就会死去。当地水产研究所曾做过养殖试验，但没能成功。

2. 鱼山洞

鱼山洞位于广东清远市阳山县白莲乡境内，这里四面环山，景色十分秀丽。鱼山洞洞口呈"弓"形，约20平方米，每逢雨季，洞口会涌出很多鱼，有鲢鱼、鲩鱼和鲤鱼，附近的百姓每年都可捕捞到2000多千克。鱼山洞涌鱼的历史虽然可以追溯到2000多年前，但至今还没有人敢进入洞口考察，所以整个鱼山洞还是一个谜。

3. 鱼泉洞

鱼泉洞坐落于河北省深水县境内野三坡附近的马各庄。20世纪80年代这里被开发为旅游风景区，景色秀美壮观。鱼泉洞入口狭窄，洞内有一条地下暗河，水由何处来无人知晓。每年谷雨时节从洞中涌出黑背白肚、大小均匀的鱼，鱼的重量在0.5千克左右，鱼骨坚硬，当地人称之为"十口鱼"。

一些专家认为，洞穴涌鱼这一奇怪的现象可能和鱼类洄游产卵有关，但这一解释并不能令人信服。

敦煌藏经洞之谜

　　1900 年 6 月 22 日凌晨，莫高窟道士王圆箓由于偶然的机缘，打开了第 16 号洞窟甬道北壁后面隐藏了 900 多年的一座秘密暗室。这就是后来闻名于世的敦煌藏经洞。王道士原来指望会有大批金玉珠宝入手盈怀，不料只见一堆堆缺头少尾、整残非一的古代写本、印本、幡画、绢画、铜佛及破旧法器，约计 50000 余件。粗识文字的王道士不免大失所望，他哪里知道，这批藏品却是学术至宝，很快导致一门新兴国际显学"敦煌学"的诞生！

　　莫高窟发现藏经洞的消息传出之后，敦煌民间便有了种种传说。有的说莫高窟佛祖显灵，又示现一座洞天福地；有的说王道士发了一笔意外之财……搅得王道士又喜又怕，坐卧难安。于是将计就计编造了一段耸人听闻的神话："至（光绪）贰拾陆年伍月贰拾陆日清晨（公历 1900 年 6 月 22 日），忽有天炮响震，忽然山裂一缝，贫道同工人用锄挖之，欣出闪佛洞壹所，内有石碑一个……内藏古经万卷"。

　　而光绪三十二年（1906 年）立于藏经洞窟门对面的《重修千佛洞三层楼功德碑记》则说："鄂省羽流（王）圆禄……旋睹迤北佛洞寂寥，多为流沙所掩没，因设愿披沙开洞。庚子（1900 年）孟夏，新开洞壁偏北，

↑ 敦煌莫高窟

复掘得洞,内藏释典充宇,铜佛盈座……"王道士墓碑中也说,王道士"以流水疏通三层洞沙,沙出,壁裂一孔,仿佛有光。破壁,则有小洞,豁然开朗,内藏唐经万卷,古物多名"。两碑所说,显然要比王道士的"天炮山裂说"可信。

人们排除了"佛祖显灵"或"王道士得宝发财"之类的传闻,苦心思考着这批时代非一、或整或残,佛道儒法、经史百家、律令俗书、幡绢绘画、铜佛法器兼而有之的藏品,何以聚集?何故封存?何时封闭?这就是人们百思不得其解的"敦煌藏经洞之谜"。

关于藏品缘何聚集,大致不外两种推测:一种推测,认为这部分藏品乃是莫高窟经库之物,经过多年的收集及长期积累,非一时之所聚;第二种推测,认为不过是佛寺淘汰的破烂佛经、佛画、断残文献、过时文书、学郎涂鸦,出于"崇圣尊经"、"敬惜字纸"而加以聚拢,以便统一封存。

而关于封存原因，大致亦有两种相应的推测：一说，藏经洞的藏品都是残破、过时、报废之物，在"崇圣尊经"观念支配下，这部分破烂文书、佛画仍然是不可亵渎的"神圣废弃物"。因此，加以收集，予以集中封存。此说以斯坦因、藤枝晃、方广为代表。另一说，可能是莫高窟僧人躲避战乱，这部分经籍文书、铜佛法器不便携带而又不忍丢失，乃将其封藏于密室，并在封墙上画上供养菩萨像，以遮人耳目，大多数学者皆主此说。

关于此窟封闭的时间，却是仁者见仁，智者见智，众说纷纭。大体有：

(1) 公元 995 年（北宋至道元年）之后说，以伯希和、斯坦因为代表；

(2) 公元 1002 年稍后说，以藤枝晃、何昌林为代表；

(3) 公元 1002 ~ 1014 年之间说，以贺世哲为代表；

(4) 公元 1002 ~ 1030 年之间说，以白滨为代表；

(5) 公元 1006 年之后说，以荣新江为代表；

(6) 公元 1030 ~ 1035 年之间说，以毕素娟为代表；

(7) 公元 1035 年西夏攻破沙州之前说，以罗振玉、姜亮夫、阎文儒为代表；

(8) 公元 1049 ~ 1054 年（皇年代）之后说，以陈垣、石璋如、马世长为代表；

(9) 公元 1094 ~ 1098 年（绍圣年代）说，以殷晴、谭真为代表；

(10) 公元 1228 年前（蒙古军攻战敦煌之前）说，以关百益为代表；

(11) 公元 1348 ~ 1368 年（元明之际）说，以张维为代表，等等。

以上诸说，多以躲避战乱为前提，或云西夏威胁，或云哈拉汗王国威胁，或云蒙古威胁，或云元末战乱。只有藤枝晃、方广认为藏经洞的封闭，属正常的废物淘汰，与战乱威胁无关。然而学术问题，不能用"票数多少"判定是非。这就使藏经洞之谜更加扑朔迷离。

敦煌藏经洞之谜的破解研究，关键在于弄清藏经洞封闭的时间。这个问题弄清之后，其他相关问题如藏经洞原属什么性质的洞窟？藏品因何聚集？藏经洞为何封闭？等等，才有解决的可能。而要弄清藏经洞封闭的时间，面临着两大难题：一是藏经洞最晚的藏品有哪些，各是什么年月的？二是16号洞窟甬道北壁（藏经洞门隐蔽体）墙面上的供养菩萨画像是什么年月绘制的？前一问题关系着藏经洞封闭时间的上限，后一问题关系着藏经洞封闭时间的下限。

以往学者们的探讨，都只在边缘问题上打游击，未能集中力量攻坚。所以，尽管扫除了某些外围障碍，却未能捣巢擒王。因此，藏经洞之谜依然未能破解。看来，一个小小的藏经洞之谜，却也是敦煌学的一项系统工程，一时尚难豁清。

三霄洞之谜

　　峨眉山作为我国佛教的四大名山之一，远在秦汉时期，就有方士在山上隐居。东汉末年，道教在山上修建宫殿，开始了宗教活动。从南北朝开始，山上开始兴建佛教寺院。明清两代，佛教活动达到鼎盛，山上所建庙宇有151座之多。山上香烟缭绕，但游人一般不到舍身崖的三霄洞游玩，因为这里被称为恐怖的"死亡之洞"。峨眉山舍身崖分为4个崖台，每个崖台斧劈刀削，绝壁难攀。在海拔1000多米的第一个崖台上，有个曾使72人瞬间惨死的洞穴——三霄洞。这一惨案的发生令人们不寒而栗，心有余悸。在很长一段时间里，三霄洞成了名副其实的死亡之洞。人们在感到恐惧的同时，也不禁对这一惨案发生的原因发出疑问。

　　"三霄洞惨案"发生时，三霄洞还是佛教的热闹之地，洞外庙宇雄壮，环境清幽。那是1927年秋季的一天，富顺籍的演空和尚出任三霄洞住持，一帮富顺的善男信女捐款铸造了一口大铜钟，千里迢迢送到这里。众人来到洞内，已是下午3点，为朝贺三霄娘娘，唱起了《三霄计摆黄河阵》。演空和尚忙制止说："佛地要静，吵闹了三霄娘娘是要降罪的。"大家情绪高涨，哪里肯听。这时，在洞内到处点燃了蜡烛，大家团团围着，边唱边跳，人声鼎沸，鼓声不断，钟声阵鸣，使这个高3米、宽5米、长约 700 米的洞内灯火辉煌、烟雾缭绕。突然间,洞内一声巨响,霎时漆黑一片,一股水桶粗的黄色火焰,像火龙似的从洞底喷薄而出,当场使 72 人窒息身亡。这一消息传到峨眉、富顺两

↑　三霄洞

县后,两县县长吓得胆战心惊,面如土色,火速到三霄洞调查原因,但没有结论。只好下令封闭三霄洞,将遇难的 72 人埋在三霄洞外,拆毁了洞外的三霄娘娘庙,禁止游人到此游玩。没过多久,成都《新新新闻》周刊还以《峨眉山三霄洞惨案,三霄娘娘显圣,七十余人丧生》为题,报道了这一震惊巴蜀的惨案。

　　几十年过去了,三霄洞路断人稀,成为令人生畏之处。现在三霄洞杂草丛生,枯藤遍野,只有"三霄洞"3 个大字还依稀可辨。从洞口往里走约 300 米处,还有两具尸骨架。洞口两边各有一尊菩萨,高约 4 米,已面目模糊。那口铜钟已被人从洞口推到崖下约 10 米,至今还"昏睡"在那里。"三霄洞惨案"的发生,曾引起很多专家和学者的关注。四川有一个大学教授曾专程到峨眉山三霄洞实地探察案件始末,并察看了各个深洞。教授推断认为:是鼓声、喧闹声,震动了洞内的瘴气所致。最近有不少学者提出疑问,因为瘴气本身是不会爆炸的。总之,众说纷纭,究竟是什么原因,至今还是个谜。

神奇的"洞中长城"

　　在云南滇东北的乌蒙山区，有一处绵延近万米的地下溶洞群，里面隐藏着一段没有解密的"洞中长城"。它究竟是人工建造还是天然形成？中科院地质研究所和动物研究所的有关专家曾进行实地考察，对此作出种种推测，但至今仍然没有定论。

　　这一纵横密布、神秘莫测的溶洞群位于云南省永善县码口乡。在已发现的22个洞中，最为神奇的要数牛郎织女洞。两洞原为一洞，经东西流向的碗箩沟水的长年冲刷，似一条天河把洞拦腰切断，形成了今天的"牛郎洞"和"织女洞"。

　　在牛郎洞行至几百米，洞的左侧出现一道规模宏大的"洞中长城"，由地面往上10多米全是40厘米左右厚的条石，砌成一道道"城墙"，联合之处刀片不入，仿佛是"水泥"等混合之类的黏合剂。

　　在"织女洞"里行至四五百米，就会发现宽大的洞道突然缩小成一道高约4米、宽3米的方形门，这是"洞中长城"的入口"城门"。进去后，洞变得宽阔起来，洞壁是精心砌成的城墙，整齐美观，拐弯处也有标准的角度，跟万里长城的转弯处没有两样。

澎窿洞喷水成湖之谜

　　1987 年 5 月 15 日下午 3 时，在距广西壮族自治区桂林市阳朔县城 3 公里处的美女山下，一个叫澎窿洞的地下溶洞，突然"隆隆"作响，顷刻间约有 4 米宽的洞口喷出了 3 米多高的大水，数天后附近的 200 多亩农田一片汪洋，水深达 5 米左右。以后水位仍缓慢上升，至 7 月上旬，水面已达 300 余亩，水深达 6～7 米。

　　后来，水位趋于稳定，无论晴雨，水不涨也不退。水深处一片碧绿，岸边浅处清澈见底。奇怪的是，到 9 月 30 日，这 300 余亩湖水竟在一夜之间消失得无影无踪，只留下成群的干死的鱼虾。

　　据记载，澎窿洞喷水，历史上曾出现过多次，一般 23～24 年一次，但水位稳定的时间却差别很大，每次退水均在一夜间消失。此洞喷水之谜，至今未有定论。

↑　澎窿洞

台湾岛形成之谜

　　台湾岛和东亚大陆隔着一条窄窄的海峡，在遥远的地质年代，它是不是和大陆处于一体的状态呢？这个问题涉及台湾岛的成因，答案现在还没有确定，但在学术界内共有三种不同的说法，都有各自的道理。一种看法是，台湾地层与大陆属于同一结构，在地质年代新生代的第四纪前，即距今 100 万年前后，它本是大陆的一部分，同大陆连接在一起，最多是一个半岛。第四纪后因地层变动，局部陆地下沉，出现了台湾海峡，使台湾成了海岛。

　　另一种看法认为，台湾是东亚岛弧中的一个环节，它的形成与东亚岛弧的形成、发展有着密切的关系。而东亚褶皱山系的出现则是由于以下因素造成的。在地壳运动中，东亚大陆架一方面受到来自大陆方向的强大挤压力；另一方面又受到巨大而坚硬的太平洋地块的阻抗，于是在它前沿形成了一系列按东北—西南方向排列的山脉，那就是东亚初褶皱山系。当它露出海面时，便构成了东亚岛弧。单就台湾讲，由于地壳运动的结果，产生了褶皱、隆降而奠定了台湾地质的基础。

　　此外，还有一种说法，认为在地质年代新生代的第四纪以前台湾同大陆是分开的，第四纪以后有过合在一起的时候。这是因为，第四纪更新世前期即距今 100 万年左右，由于地壳上升的变动和地球上气候变冷的影响，沿海地区出现了陆地面积扩大的情况。那时候台湾海峡的海水可能几乎退干，成了陆地，于是出现了

↑ 台湾岛

台湾同大陆连成一片的局面。后来到了更新世后期，地球气候转暖，海水上升，陆地减少，台湾海峡再度出现，台湾同大陆又隔开了。以后又再相连、相隔。如此经过了多次反复，自然相隔的时间很长，而相连的时间也不很短。台湾地区的大型哺乳动物就是在两地相连时从大陆进入台湾的，而人类史前文化，也是在两地相连时一部分人从大陆带进台湾的。

Part 6

江河泉潭之谜

黄河"揭底"现象之谜

　　从山西省龙门到陕西省潼关之间的黄河，每过七八年就发生一种奇异的现象——夏秋洪水能将河底数米厚的泥皮揭起冲走，沿河群众和治黄科技人员把这种现象叫做"揭底"。新中国成立以来他们已目睹过5次"揭底"。

　　黄河自龙门到潼关段的河道全长132.5千米，又称"小北干流"。整个河床南北走向，呈纺锤形状。北部龙门和南部潼关都是著名的狭关险谷，河宽仅数百米，纺锤状的中部河宽达19公里。这段河流南北落差大，上游上百条支流把大量泥沙带入河道，在此沉积，河床淤积严重。

　　每过七八年出现的"揭底"奇景，都发生在7~9月。"揭底"前河道中出现片片因泥沙淤积形成的沙洲，河床较以往抬高，河道散乱。这时，如果天降暴雨，出现每秒800立方米以上的大洪水，数小时后，"揭底"现象便随之发生。河中数米厚的泥皮像墙一样直立起来，很快又被洪水吞没卷走，河面上泥皮此起彼伏，满河开花，水声震耳欲聋。持续一段时间，洪水就冲出一条数米深的河床，浩浩荡荡地奔向大海。

　　黄河"揭底"现象早已有之。从20世纪40年代末到80年代末有记录的几次中，最大的一次发生在1964年，滔滔的洪水一下子把河东

↑ 黄河

的 10 万亩滩地全部卷走。"揭底"时掀起的河床泥皮平均高出水面 3 ～ 5 米，每立方米洪水中含有 900 多千克泥沙。

我国科学工作者把这种现象称作"黄河的自我调整"，外国科学工作者称之为"世界河流之奇观"。由于这段河道能够自己为自己疏通，因而使几个有名的古老渡口如龙门、大禹和风陵渡一直沿用至今。

我国有些科学工作者认为，"揭底"现象可能与这段河床的形状有关，但目前缺乏确凿的科学证据。黄河"揭底"现象至今还是一个未解之谜。

黄河含沙量之谜

　　世界上含沙量最多的河流是中国第二大河黄河，其长度仅次于长江，干流全长 5464 千米，流经青海、四川、甘肃、宁夏、陕西、河南及山东等 9 个省份，整条河流成"几"字形向东注入渤海，它有 30 多条主要支流，沿途汇集了无数溪川，其流域面积广阔，达到了 75 万多平方千米。由于其流经的甘肃、宁夏、绥远等地多为黄土高原地区，许多支流夹带大量泥沙汇入黄河，使河水呈黄色，并成为世界上含沙量最多的河流，"黄河"这一名称就是因此而得名的。

　　源流段和上游段的黄河河道最曲折，中游段次之，而下游段则笔直。河水从兰州到潼关绕流一个长方形的三边，从而形成约 2000 千米长的著名的河套。黄河下游河道游移不定，河水在山东丘陵以北注入渤海，或在山东丘陵以南经淮河流入黄海，其河道方向的变化相距达 500 千米。

　　河水夹带大量的泥沙汇入下游，其泥沙总量平均每年超过 16 亿吨。由于下游段河道坡降平缓，地势低平，造成水流流速减低，大量泥沙在河床上沉积，平均每年逾 4 亿吨，其余泥沙则流到河口，冲积成河口三角洲，并导致三角洲向海伸展。平均每年造陆达 20 多平方千米。黄河流域肥原沃土，山川壮丽，物产丰富，有占中国总人口 1/4 的居民和约占全国 2/5 的耕地。

黄河的源头之谜

　　黄河源头究竟在哪里？在 5000 多年的历史长河中，我国人民曾对黄河的发源地进行了多次探索。然而，限于当时的科学水平和各方面的条件，一般都只到达星宿海一带。历史文献中记载有星宿海"小泉亿万，不可胜数，如天上的星"。星宿海，藏语叫"错岔"，意为大片沼泽及许多小湖组成的低洼滩地。这里密密的短草成堆形块状，散布水中，枯叶烂根年年积累，形成表面松软的沼泽地带，行经其上，极易下陷，然而"星宿海"并不是真正的黄河源头。新中国成立后，政府曾多次派出河源勘察队，历经千辛万苦，寻找河源。20 世纪 50 年代初期，人们认为黄河源头出自约古宗列曲。目前主要有两种看法：一种认为黄河多源，其源头分别是扎曲、卡日曲和约古宗列曲；另一种意见认为，卡日曲全长 201.9 千米，是上述三条河流中最长的，应定为正源。但黄河源的最终结论始终没有定下来，成为萦绕在所有炎黄子孙心中久久挥之不去的一个巨大疑问。

↑　黄河源

金沙江拐弯之谜

　　金沙江是长江的上游，它和怒江、澜沧江等大河在青藏高原的东北部发源，然后几乎彼此平行地一齐向南流淌，在青藏高原的东侧切成几列深邃的平行河谷。而在河谷与河谷之间，就是一条条大致平行的高山，

这就是我国有名的横断山脉。在这三条河流中，金沙江靠最东边。起初，金沙江也是由北向南流的，可是当流到云南省境内的石鼓村北时，江流突然折转向东，而后又转而向北，在只有几千米路的距离内，差不多来了一个180度的大拐弯。金沙江流过石鼓村以后，坡度骤然加大，江水在只有几十米宽的深谷中呼啸奔腾。江两岸，一边是玉龙雪山，一边是哈巴雪山，从江底到峰顶高差3000多米，形成世界上最壮丽的峡谷，这段峡谷就是大名鼎鼎的"虎跳峡"。

千百年来，万里长江第一弯曾使许多到过这里的旅行者迷惑不解，就是世世代代居住在江边的居民们也弄不清这到底是怎样形成的。世界上所有的河流都是弯弯曲曲的。河流弯曲的原因主要是由于河水对两岸的侵蚀不同造成的，因此河流总是在大地上画出一条条十分平滑和缓的曲线。但是，也有一些特殊的情况。有的河流在它的流程中，可能会产生十分突然的拐弯，金沙江上的大拐弯就是其中最典型的例子，因此有"万里长江第一弯"之称。

科学工作者通过对金沙江的河流形态进行深入研究，提出了下面一些推断。

一种比较流行的看法是，从前金沙江并没有今天的大拐弯，而是和怒江、澜沧江等一起并肩南流。就在金沙江与它的伙伴们一起南流的时候，在它东面不远的地方，还有一条河流由西向东不停地流淌

←
金
沙
江
拐
弯

着，我们不妨叫它"古长江"。急湍的古长江水不断地侵蚀着脚下的岩石，也不断地向西伸展着。时间一长，终于有那么一天，古长江与古金沙江相遇了。它们相遇的地点就在石鼓村附近。

想想看，两条大河相遇会发生什么情况呢？俗话说："人往高处走，水往低处流。"古长江地势比起古金沙江要低得多，滔滔的金沙江水受到古长江谷地的吸引，自然掉头向东。于是，金沙江就成了长江的一部分。这种现象，在地貌学上有一个名词，叫"河流袭夺"。河流袭夺这个词起得非常生动。一条本来流得好好的河流，竟然被另一条毫不相干的河拦腰斩断，把它掠夺到自己的怀抱里。

河流袭夺说还有一个有力的证据，那就是在今天的金沙江石鼓大拐弯的南方，也就是人们认为的当年金沙江流过的地方，还真的有一条小小河流——漾濞江。漾濞江的源头与石鼓的距离也不很远，那里还有一条宽阔的低地。这里虽然没有河流，但仍然是一种河谷的形态。袭夺说的支持者们认为，古金沙江被古长江袭夺以后，江水虽然被古长江袭夺而去，但是，当年的河谷还在，并且在古金沙江的下方，仍然残存着一条小河——漾濞江，那也是古金沙江的遗迹。

也有人不同意这种看法。他们认为，这里根本就没有发生过古长江与金沙江相互连通的河流袭夺事件，今天的金沙江之所以会发生这样奇怪的拐弯，只不过与当地地壳断裂有关。他们发现，在石鼓以下的虎跳峡是沿着一条很大的断层发育起来的。金沙江在它流淌的过程中，碰巧遇到这条断层，河流不得不来了一个大拐弯。

奇怪的潭

　　1986年1月10日早晨6时,广西融水苗族自治县风景区中的古鼎龙潭,突然间传出了"古道场"的锣鼓声、唢呐声、木鱼声。发出的响声富有节奏感,犹如一场寺庙道场的锣鼓乐,一直响到当天晚上10时才停下来。人们闻讯纷纷从四面八方赶来,有7000多人聆听了这场奇妙的"音乐"。据说,这种自然音乐在1953年春也出现过,隔了30多年又重演,其奥秘何在,有待于科学家们进一步研究探讨。

　　广西天等县逐卜上屯村前的田垌中间,有一个壮族语言叫"楞特"的水潭,水深约10米,面积相当于两个篮球场大;潭底如锅,潭底的偏东处有水缸大小的洞,与地下河相通。雨季,地下水从洞中冒出,进入潭中,有时水满而溢出潭外。入秋后,潭中水位下降;到了隆冬,水位趋于稳定,水平如镜,清澈见底。令人惊奇的是,在这段时间内如果有人在潭边高声喊叫,潭水就会泄入地下河。当地的人常在这时集结四五十人,环绕水潭高声齐喊,或鸣锣击鼓,或向潭中投石,一阵喧闹之后,潭水就会随着叫喊声、锣鼓声向河底的那个洞涌去,瞬时就显现出一个大漏斗,形成急流旋涡,这旋涡逐渐下落,1个多小时后,整潭水都流进了地下暗河。待潭水泄干之后,过了八九个小时,潭底那个通地

↑ 楞特潭

下河的洞又开始向潭中冒水，潭水随之渐渐上升，直到恢复原来的水位。

楞特潭的这种奇景实在令人叹为观止，但是人们至今也无法解释这其中的奥秘。

白沙堡离"山水甲桂林"的阳朔不过几千米，但过去并不怎么出名。白沙堡的百姓们世代过着日出而作、日落而息的耕织日子，并无什么令人咋舌的事发生。但是后来白沙堡变成了一个声名远扬的地方，来此探奇、旅游的人日渐增多，这是什么原因呢？原来，村头的两口甘泉60年涨一次，30年暂涨一次。泉水为何自涨自消，人人称奇，却都说不出到底是怎么回事。清朝同治戊辰（1868年）3月17日泉水涨一次，为时4日。1940年6月17日，水又暴涨。白沙堡无河无溪，居然涨出这等决决大水，目睹者无不称奇。更奇的是，1940年这次涨水并非如1868年和1900年那两次，少则数日，多则半月即消退，而是维持了260天的洪水期。1987年5月15日，白沙堡一带晴空如洗，烈日高悬。突然间，村头泉眼又冒出大水。3天之内，田野之水竟达数米之深，百余亩正在拔节而长的稻谷，淹浸在一片茫茫大水里。1987年的涨水，是9月28日消退的，汛期为4个半月。如果说1900年以前的两次涨水没有什么规律的话，1940年以后的三次涨水，几乎每次相隔都是23年左右。这算不算得上是规律呢？恐怕还不能作肯定的结论。

月牙泉之谜

　　月牙泉名为"泉"，实际上它是一个"袖珍湖"，但是这个湖的形状像一弯月牙,因此被命名为"月牙泉"。月牙泉不但美景如画,还盛产"三宝"：一是泉水中出产的铁脊鱼，这种鱼能治疑难杂症；二是泉底有一种可催生壮阳的草叫七星草；三是湖岸有如同彩虹一般美丽灿烂的五色沙砾。

　　据《元和郡县志》载：在鸣沙山旁有一泓泉水，名字叫沙井。这口泉从古到今，无论风沙多大，都有甘美的泉水。沙漠中光照强烈，气候干旱，蒸发量大，其他的湖泊泉眼有的会干涸，有的会被风沙填没，只有月牙泉永远填不没，永远不干涸。为什么会如此呢？这就需要了解月牙泉的成因。

　　传说中国汉朝时期，有个名为李广利的将军曾征伐大宛（这是古代一个国家名，在现在的中亚费尔甘纳盆地），之后，在退兵返回的路上，大军曾经在这个地方驻扎过。当时,因为在沙漠中行军,士兵们都十分渴，军心动摇。在这种危急的情形下，李将军急中生智，"引力刺山，有泉涌出"。这就是月牙泉的由来。民间传说认为它是天赐的"神泉"，这才在沙漠中永不干涸，但这只是传说，不足为信。

← 月牙泉

　　科学家对月牙泉进行了深入的考察研究，发现古时的月牙泉并不是单独的一个小湖，而是党河的一部分。美丽的党河在这个地方打了个弯儿，这就是月牙泉的前身。后来，党河河水不再从这里经过了，但这个美丽的河湾却留了下来，永远地站在了鸣沙山边，成为一个独立的小湖。那么为什么它可以在烈日的蒸烤、干旱的逼迫下一直保持清亮永不干涸呢？原来，月牙泉在地形上与三危山大断层的走向是一致的，都是东北走向，这样，孕育了月牙泉的党河地下水就可以继续滋润月牙泉，月牙泉有大量地下水供应，自然不会干涸了。

　　月牙泉的周围环境也很奇特，它的南面有金字塔形的沙丘将风沙挡在了外面。这样，沙漠中的狂风只能吹动两面山坡和沙丘背部的沙粒，这些小变动是不会引起大面积沙丘转移的，月牙泉也不会受到风沙的威胁。因而，月牙泉不会被大量沙粒所填满，也不会因沙丘转移而像罗布泊一样不断改变泉水的位置。正是这些诸多有利因素，使沙漠中的月牙泉永不干涸。

栖霞泉之谜

　　在七星公园普陀山西北麓，有一座扩建一新、庄重典雅的古刹——栖霞寺。寺内素食斋的天井中，有一口重见天日的古泉。古泉能重见天日，除偶然因素外，与工程人员具有良好的文物保护意识也分不开。有关文物专家学者经初步考察研究，认为该古泉有可能是桂林流传中著名的"栖霞泉"。

　　2001年12月初，负责栖霞寺扩建恢复工程地质勘察的桂林工学院地质勘察院钻井队，在建寺庙素食斋的废墟上打第一个钻孔就发现软弱层泥土。因软弱层的泥土松软，不符合建筑地基的要求。工程监理人员便叫来民工，将钻孔周围挖了一个3米深的大坑，发现下面仍是软弱层土质。工程监管人员经过研究，决定在原钻孔周围再打5个孔，彻底查清下面的地质情况。

　　12月8日上午，挖到近5米深时，坑底出现了一排整齐的古青砖和一层密密麻麻的鹅卵石。民工沿青砖扩大掘土面积，随即又发现几排圆弧状排列的古青砖，继而一个用古青砖砌成的较大的圆形竖洞出现在众人面前。此时，更多的人相信竖洞就是藏宝的"洞窟"。

　　为弄清圆形竖洞内的秘密，民工加宽了施工面。突然，泥土中露出一个较大的圆形石器。开始大家以为是用来盖"洞窟"的大石块，但挖出来后却是一个圆形石灰岩质大井圈。在井圈内边口，留有39道人们提水时拉绳索刻出来的槽。

这次在寺内挖出古泉，让大家感到非常兴奋。负责栖霞寺扩建恢复工程策划的蔡发祥认为，重见天日的古泉，是一个非常重要的历史文物，提出立即让文物专家到现场进行考察。

随即赶来的专家赵平对井圈和竖洞进行了初步分析，认为竖洞有可能是"栖霞泉"的井洞，井圈也有可能是"栖霞泉"的井圈。据民间流传，明末清初栖霞寺的浑融和尚曾在寺中挖出一口好泉，取名"栖霞泉"。为弄清这是不是古"栖霞泉"，赵平又请对桂林古井很有研究的旅游规划专家缪钟灵教授一同对新发现的古泉进行综合考察研究。

桂林一直有"栖霞泉"养一方众人的流传。

隋开皇十年（公元590年），佛教在中国盛行。高僧昙迁游桂林时，曾游览普陀山中的七星岩，并题有"栖霞洞"3字。从此，便常有人在洞口烧香，以求福禄平安。

唐代，就有人在"栖霞洞"下方修建一寺院，取名栖霞寺。唐天宝九年，鉴真和尚第五次东渡日本受阻，辗转来桂林，并在栖霞寺参访传法。武宗会昌五年，朝廷诏令全国毁寺灭佛，致使许多佛教圣地被毁，栖霞寺也未能幸免。后来，道士唐大淳在栖霞寺旧址上建起一个道观，取名"全真观"。明万历年间，"全真观"改名为"寿佛庵"。

清顺治八年，原住桂林普明庵的湖南浑融高僧（俗名张本符，1615—1704年，享年90岁），因文武双全，被当时反清的明将刘起蛟招为参军，参加南明政权抗清战斗。南明政权败亡后，他云游到桂林，住在"栖霞洞"，并决心恢复栖霞寺。经33年的殚精竭虑，节衣缩食，四

↑ 栖霞泉

方募化，终于在原寿佛庵的基础上，重新建起了殿宇恢弘的栖霞寺。当时的栖霞寺除几座佛殿外，僧侣生活的设施如廊库寮厨等，一应俱全，香火非常旺盛，逐渐成为南方名刹。

后因连年干旱，桂林闹起了水荒，栖霞寺的僧侣及附近百姓饮水非常困难。为解决众人饮水问题，挽救黎民百姓，浑融和尚便在栖霞寺周围挖井寻找泉水，结果在寺院的北面挖到一个水清味甘的暗泉。浑融组织众人在暗泉上方建起一个大水井，取名"栖霞泉"。"栖霞泉"的建成，让栖霞寺的僧侣及附近众多百姓渡过了旱灾。"栖霞泉"成为桂林的名泉。

咸丰年间，栖霞寺不幸又遭毁坏。光绪十八年，广西巡抚张联桂因仰慕浑融和尚的高尚气节，耗白银2600两，又重修栖霞寺。民国期间，陆荣廷等人又对栖霞寺多次扩建。抗日战争中的1944年，桂林守军在七星公园一带与日寇激战，800多名壮士弹尽粮绝后退守七星岩内，惨遭敌毒气攻击，全部壮烈牺牲。经过这次战斗，栖霞寺的房屋被毁，"栖霞泉"也可能因此被掩埋在废墟下面。

游览古泉的人们了解到它的历史和重新出土的经历后，更知道了它的珍贵。当然该泉是否就是流传中的"栖霞泉"，还有待专家进一步考察。

各种奇异的泉

1. 让泉

我国安徽省安庆市市郊有一泉水，当人们抢着喝水时，泉水停流；当人们互相礼让时，泉水却流涌而出。

2. 喊泉

安徽省寿春县北 10 里处有一泉水，人至泉边时，大声呼喊则泉大涌，小声呼喊则泉小涌，不呼不喊则泉不涌。

3. 乳泉

广西桂平县西山有一眼泉，清澈甘美。泉水色似乳汁，投以硬币会浮于水面，水中含有多种有益于人体的微量元素，是一种优质的饮用水。

4. 火泉

我国台湾南部的并子岭温泉和俄罗斯的诺夫戈罗德附近的一口喷泉都是"火泉"。人们只要在水面点燃一根火柴，就会着火燃烧。因为泉水里水藻、水草、泥灰的腐烂，产生一种会燃烧的气体，这种气体比空气重，往往漂浮在泉水的表面，当遇到火时便立即燃烧起来。

5. 鱼泉

四川大巴山区和河北易县等地都有许多"鱼泉"。每年春天，成千上万的鱼群从这些鱼泉中接踵而出，有时因鱼太多太肥竟被卡死在石缝里。在西双版纳密林深处，有一口"虾泉"，每年夏季有大量紫黑色小虾从泉中涌出。

6. 含羞泉

我国川陕甘交界处的龙门山东北，有一奇泉，只要有人往泉中扔一石块，泉水顿时停涌，掉头躲藏；隔一会儿，泉水又开始正常流淌，人们形容泉水好像害羞，故称之为"含羞泉"。

7. 姊妹泉

我国贵州省兴义市 300 多米高的尖山顶上，有一锥形巨大石柱，石柱脚有两口小泉，大小约 1 平方米，相距 1 米多，两泉虽近在咫尺，水流却各奔西东，永不相会。两泉有规律地交替喷水。3 分钟一次，此起彼伏，一年四季，即使久旱无雨，泉水仍汩汩而出。

8. 响鼓泉

我国贵州省丹寨县块财有一泉，每 10 分钟左右发出一次鼓声，每次历时 20 秒至 30 秒。随着泉水的时大时小、时涌时停，鼓声也随之时强时弱、时响时歇。由于泉水的喷涌很有规律。因此听起来鼓声很有节奏，悦耳动听。

9. 五味泉

我国江西省永丰县有一奇泉，泉水具有天然的麻、辣、酸、甜、苦5种味道。这是因为水中含有大量的碳酸气，以及铁、铜、硅、锌、锰等10多种有益于人体健康的微量元素。该泉水虽有5味，但水质清澈，可以饮用。

10. 太阳泉

我国贵州省黔西南自治州发现一个神奇的太阳泉。它既不是一年四季长流不断的泉水，也不是间歇泉，它的泉流是由太阳光决定的。当太阳光照射到泉口时，泉水就流出；若整天没有阳光，泉水就一滴也不流淌。

11. 鲤鱼溪

我国福建省和县镇前村，有一条奇妙的鲤鱼溪，溪里有1万多尾鲤鱼，最大的长有1米，重有15千克，一般的也在5千克左右。鲤鱼溪形成于明代，当时镇前村村民在溪中养鲤鱼，而无人捕捉，鲤鱼世代繁衍至今。近年来，这条奇妙的鲤鱼溪一直吸引着闽浙两省的四方游客。

12. 漩塘

我国贵州安顺龙宫风景区内有一口十分罕见的漩塘，这口水塘直径100余米，水流按照顺时针方向慢慢旋转，约三四分钟转一圈。在漩塘附近有一条小溪，溪水以中间为界，相背而流。

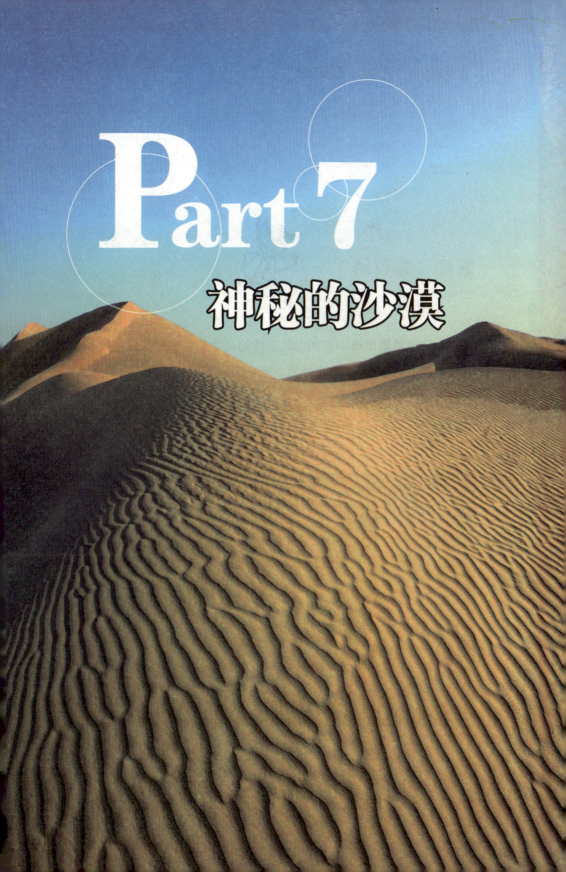

Part 7

神秘的沙漠

新疆"魔鬼城"

在我国新疆准噶尔盆地西北边缘的乌禾尔，当地牧民常惊恐地说，那里有座"魔鬼城"，阴森恐怖，每夜传出凄厉的叫声，人若误入，就再也出不来了。

从外表看，"魔鬼城"是火红色的，方圆10多平方千米。里面各

↑　新疆"魔鬼城"

种奇形怪状的建筑重叠错落，毫无生气。一根根石柱静穆耸立，置身其中犹如进入一片沉寂的墓地。尤其在寒冷的月光下，荒凉沙丘上长长的拖影，张牙舞爪，变幻莫测。遇上风季，层层黄沙尖叫着扑面打来，的确吓人。

1900 年，地质学家来到这里考察，真相大白于天下。"魔鬼城"乃是由 1 亿多年前的白垩纪地层构成。那时，这里有一个巨大的淡水湖，各种史前动物栖身在这里。以后，随着时光流逝，大地开始上升，湖泊消失了，一望无垠的戈壁台池便没了飞禽走兽的足迹。暴雨无情地冲刷着大地，疏松的碎石变成黄沙被风卷走，岩石裸露出来，它们崩裂、破碎，有的则紧紧抱成团儿，"魔鬼城"就这样诞生了。每当大风侵袭而来，就发出一片"鬼哭狼嚎"的声音。

楼兰古国未解之谜

　　楼兰，这座在百年前发现的古代城市，一个世纪以来，由于其种种的未解之谜而成为西域研究史中的一个异常醒目的课题。围绕在它周围的种种关于历史的、考古的、语言的、人种的、地理的诸方面问题，歧见迭出，纷争不已。一代代中外学者孜孜以求，欲还其本来面目。于是，林林总总关于楼兰的研究屡屡有所进展，鸿篇巨制、连篇累牍，使楼兰渐渐脱去神秘氛围而露出历史的本来面目。

　　"黄沙百战穿金甲，不破楼兰终不还。"这是唐代诗人王昌龄《从军行》中的名句。虽然楼兰古国在唐代已经销声匿迹许多年了，但它还深刻地印在唐朝文人的脑海中，时时成为吟咏的对象。

　　楼兰，最早见于我国西汉史籍。

　　司马迁在《史记》中写道："楼兰、姑师邑有城郭，临盐泽。"还说它"出玉，多葭苇、柽柳、胡杨、白草，民随畜牧、逐水草，有驴马、多橐驼"。其实，司马迁没去过楼兰，他是根据他同时代的大使节张骞的报告写的。张骞一生三次出使西域，历尽千辛万苦，很熟悉西域各国的情况。

　　《史记·匈奴列传》记载，大约在公元前3世纪时，楼兰人建立了国家，当时楼兰受月氏统治。公元前177年至公元前176年，匈奴打败了月氏，

↑ 楼兰古城遗迹

楼兰又为匈奴所辖。汉武帝时，张骞出使西域，开通了丝绸之路。汉代早期丝绸之路，曾有过两条路线：一条由阳关西行，经罗布泊西北岸至楼兰南下，再沿丝路南道西行；另一条经楼兰后，西行至焉耆，沿丝路北道前行。楼兰扼守南北两道之咽喉，汉使、商旅的频繁往返，都要路经楼兰。当年的楼兰，驼铃悠悠，商贾不绝，一派"七里十万家"的繁荣景象。

然而到了公元330年前后，这里城郭巍然，而人烟断绝。一种被多数人认同的说法是：由于孔雀河改道，塔里木河断流，其下游的楼兰地区水源枯竭，屯田生产无法进行。没有了水源的楼兰，居民的生计也难以为继，楼兰人纷纷离开故土。公元400年，高僧法显西行取经，途经此地，他在《佛国记》中说，此地已是"上无飞鸟，下无走兽，遍望极目，唯以死人枯骨为标识耳"。楼兰——这座丝绸之路上的重镇在辉煌了近500

年后，逐渐没有了人烟，在历史舞台上无声无息地消失了。根据楼兰出土的分别距今约 4000 年和约 2000 年的墓葬，考古专家向人们揭示了楼兰的历史：上溯 4000 年左右的一段时期，这里生活着一支以游牧为生的原始欧洲人种，他们留下几具干尸，就神秘地走了。其后的 2000 多年，楼兰找不到一丝留痕，史书中没有半点墨迹。晋代时期，楼兰地区出现了蒙古人。这时的楼兰演绎出农业文明，并以其在丝绸之路上的重要地理位置，传递着东西方文明。而在晋代之后的若干世纪，楼兰再次消失得无影无踪。直到 100 年前，人们才在塔克拉玛干沙漠的东缘，偶然看见了楼兰残破的城墙。

1900 年 3 月，瑞典探险家斯文赫定沿塔里木河向东，到达孔雀河下游，想寻找行踪不定的罗布泊。他的向导是维吾尔族农民爱尔迪克。

3 月 27 日，探险队到达了一个小土岗，这时，糟糕的事情发生了，斯文赫定发现他们带来的水泄漏了许多。在干旱的沙漠之中，没有水就等于死亡。

他们于是去寻找水源，却又发现携带的铁铲丢失了。向导奉命回原路寻找铁铲，途中，遇到了强烈的风沙，风沙迷住了爱尔迪克的眼睛，他只好先躲起来。待风沙过后，他睁开眼睛，令人难以置信的一幕发生了，一座古城出现在他的眼前：有城墙、有街道、有房屋，甚至还有烽火台。爱尔迪克恐怖极了，他以为看见的是魔鬼的宫殿。他匆匆地在城市中空无一人的街道上走了一圈，拾了几枚古币，背了两块精美的雕花木板，向斯文赫定的探险队赶去。

爱尔迪克的发现使斯文赫定激动得差点儿晕过去。他知道，这一定是考古史上的一个重大发现。由于没有水，斯文赫定不得不离开这里，他决定第二年再来彻底考察。

1901 年 2 月，斯文赫定带着充足的水和食品又来到了这里，他发现，这里是一座被人们遗弃的古城，而原先，曾经有过相当的繁华。

斯文赫定在这里发掘了大量文物，包括钱币、丝织品、粮食、陶器、36 张写有汉字的纸片，120 片竹简和几支毛笔。

斯文赫定回国后，把文物交给德国的希姆莱鉴定。经鉴定，这座古城就是赫赫有名的古国楼兰。整个世界震惊了，随后，许多国家的探险队随之而来。

1979 年，中国进行了大规模的最新发掘，辉煌的楼兰古国，终于重见天日了。

让我们回想一下昔日楼兰的辉煌吧：

不同风格的华丽的建筑比比皆是，街上人流熙熙攘攘，不同国家的语言此起彼伏，一拨一拨的驼队来来去去，商人们携带着大量钱币和货物寻找着设有客满的旅馆，中国的军人们也许是在恣情纵酒吧，因为这一派和平热闹的景象，似乎显示出他们的多余。

然而，这一切都去得那么仓促和突然，它似乎在极其短暂的时间内消失，消失得无影无踪，是什么使这个繁华的古城陡然之间变成了一座空城，随即被掩埋在厚厚的黄沙之下呢？

许多学者认为，古楼兰的衰亡是与社会人文因素紧密相连的。我国古书记载楼兰古国的最后存在时间在东晋十六国时期，这正是我国历史上政局最为混乱的时期，北方许多民族自立为藩，相互战争。而楼兰正是军事要冲、兵家必争之地。频繁的战争、掠夺性的洗劫使楼兰的植被和交通商贸地位受到了毁灭性的破坏，而沙漠边缘的古国，丧失了这两个基本要素，也不可能存在下去。于是，它就变成了今天满目黄沙、一片苍茫的景象。

丝绸之路的开通，使东西方交通和丝绸贸易兴盛起来，同时也刺激了位于丝绸之路咽喉地位的楼兰古国的经济繁荣和发展。楼兰王国全盛时期，东起古阳关，西到尼雅河畔，南至阿尔金山，北到哈密一带。而楼兰古城就是楼兰王国的政治、经济、文化的中心。但4世纪时，楼兰突然从这个世界上消失了。楼兰古城一带"上无飞鸟，下无走兽，遍望极目，欲求度处则莫知所拟，唯以死人枯骨为标识耳"。盛极一时的楼兰文明不明原因地随着岁月而去了。

不同学科的研究者从各自的观点来解释这个未解之谜：有人认为是由于罗布泊的枯竭，自然环境的变化，河流改道等原因。也有人认为是孔雀河上游不合理地引水、蓄水造成的。更有人认为是丝绸之路改道、异族入侵等原因造成的，如此等等，不一而足。那么，究竟哪方面更接近历史真实呢？

22年前，考古学家在距孔雀河数里的地方，发现了3800年前"楼兰王国"的神秘墓葬。该墓葬不惜以大量树木为代价而建造，步入其中可以看到一组组用七层胡杨木桩围成的同心圆圈，木径粗达30余厘米。整座墓地远远望去，就如一轮古老沧桑的太阳，镶嵌在戈壁荒原上。由此，人们称其为"太阳墓葬"。

考察发现，墓葬木桩可以固沙强冢，没有它们，在沙地上要挖掘营建深达两米多的墓穴是很难的。然而固沙为何采取如此形式，显示如此图案？它代表着什么意义？难道是"太阳崇拜"吗？果真如此，为何墓主人均为仰身直肢面向西方而不是东方？"楼兰王国"是毁于为建造大规模的"太阳墓葬"，而大肆砍伐林木的活动吗？"楼兰王国"的先民们，为什么要在大漠中建造太阳形墓葬？它究竟代表了什么意义呢？

斯文赫定认为他所发现的就是楼兰王国的都城，这已被多数学者专家所认同，但至今仍然有人持不同意见。那么，这个遗址到底是不是楼兰城呢？

在编号为罗布泊地区铁板河一号墓（LOTM1）里发现一具保存完好的女性木乃伊。她面目清秀，深目微闭，属于白种人，被誉为"楼兰美女"。

那么她的先辈是何时迁来的？又是什么地方迁来的？随之而来的疑问是从楼兰王伐色摩那（汉名元孟）到鄯善王尉屠耆，他们是白种人呢？还是黄白混血？如果是白种人，他们属于什么民族？如果是混血，又是哪两个民族婚生的？楼兰国的居民都有哪些民族？哪个民族是主体民族？……

1979 年，新疆考古所的一支考察队在罗布泊以东发现了一些外形特殊的古墓。墓中死者有的衣着完整，头戴尖毡帽，帽顶还插了几根绳。这种奇特的服饰令考古学家惊讶不已。经仔细测量发现，这些人属于"深目高鼻"的古欧洲人种，与现代北欧人很相似。他们的头骨可以分成两组，

← 楼兰古国遗迹

121

一组与南西伯利亚、阿尔泰地区青铜时代的安德洛诺沃文化相近；另一组与时代更古老的阿凡纳沃文化相近。也就是说，在同一地点，埋葬着两批体态不同的古欧洲人。

后来，考古学家又在楼兰古城东郊东汉的墓葬中，找到了5个欧洲人种遗体。有人根据楼兰人毛发成分测定，认为这些人很可能与来自东地中海的民族有关。总之，如果说楼兰古国是个民族成分十分复杂的国家，那么，这些古欧洲人到底是什么民族？他们是出于什么目的而千里迢迢奔赴楼兰？后来他们又去了哪里？

面对楼兰，斯文赫定迷茫地自问："我很奇怪，我们瑞典怎么就没有一块比我在楼兰发现的木简和纸片更古老的石头？"

楼兰，一个等待人们去破解的千古之谜。

怪异的罗布泊气候

　　罗布泊位于中国新疆塔里木盆地东部，同失踪的楼兰古城一样，是一个充满神秘氛围的地方。它被人们称为死亡之海，这里非但不孕育生命，不欢迎生命，而且还要无情地扼杀生命。20 世纪 80 年代，中国著名科学家彭加木在罗布泊失踪，至今杳无音信，成为世纪之谜；中国著名探险家、被誉为壮士的余纯顺徒步走了 8 年，闯过道道生死险关，进入罗布泊仅两天便倒在了滚滚的热浪里。一些真真假假的传闻不断传到我们耳边："罗布泊常有飞碟出没，肯定有外星人，彭加木说不定就是被他们劫走的"；"罗布泊磁场磁力特强，许多仪器都在那里失灵，人一进去就头脑发晕不知东南西北"；"罗布泊的沙暴几分钟就可将人掩埋……"这些是耸人听闻，还是对罗布泊的真实披露？

1. 沙暴

　　风沙是杳无人烟的罗布泊地区的主宰。这里每年 8 级以上的大风有 80 余次。由于气候极为干燥，覆盖地面的植物十分稀少，所以风暴来临时沙尘翻滚，天昏地暗，人称"沙暴"。

　　1980 年初夏，中国的一支科学考察队从敦煌出发，穿过茫茫的噶顺戈壁，进入罗布泊地区。一天，考察队的车队在戈壁沙海中艰难地行进，突然前方不远处有一股巨大的沙暴急速地朝车队滚动。刚刚还是晴朗的天空，转眼工夫，大风席卷着满天沙石呼啸而来，霎时间一片黑暗；10米之外，人影模糊，前后的车辆一下子"消失"得无影无踪。深陷在沙暴中的车辆，宛如被围困在万弹齐发的战场之中，沙石敲击着车身，发出叮当的响声。真是"一川碎石大如斗，随风满地石乱走"。在这个风狂沙暴的世界里，考察队住宿的帐篷常被风刮得像鼓满的帆，有时在三更半夜还会被风吹翻。考察队员一觉醒来，鼻孔和耳朵里都灌满了沙尘。吃饭时，刚盛好的饭菜，眨眼就会被撒上一层泥沙，因此在这里吃饭，只能吞，不能嚼。罗布泊地区的沙暴多发生在春夏季节，因为这里是塔里木盆地最低洼的一隅，海拔仅800米左右，地理学家称它为罗布洼地。这个洼地较之周围地区，尤其是地区升温迅速，于是与气温低的地区产生强大的空气对流，风起沙扬，风沙齐至，横扫着这块荒凉的土地。

2. 酷热

过去总认为中国最干旱、酷热的地区在吐鲁番盆地，但罗布泊地区的夏季炎热，也许使素称"火州"的吐鲁番盆地也望尘莫及。4月上旬，罗布泊就犹如蒸笼一样闷热，气温常达37℃。而这时乌鲁木齐的最高气温才8℃。一到夏天，这里的气温升到50℃左右，地表温度甚至高达70℃，地面滚烫，难以涉足。考察队带去的警犬这时总是用三条腿走路，也许是想腾出一条腿来减轻高温的炙烤吧。高温不仅会把帐篷内的蜡烛烤熔，还会把胶卷烤软。这里的年降水量不足10毫米，不少地方终年无雨，但蒸发量却高达3000毫米以上。因此，在这里尽管炎热异常，却不会

124

汗流如注，因为汗水刚刚渗出，就被蒸发殆尽。考察队员的衣服不是被汗水湿透，而是被汗水中的盐分和沙尘弄成硬邦邦的"铠甲"。在严酷的自然条件下，干涸的罗布泊盆地几乎不存在任何动植物，大地被各种奇形怪状的风蚀土堆和坚硬盐壳覆盖着，就像被烧焦了丢置在地球上的一块无边无际的盐饼。

↑　罗布泊地貌

独特的河西走廊

如果不是身临其境，断难相信一条不足 2 米宽的山脊，居然成了两个迥然不同的气象景观的分界线：一边气清天朗，一边云蒸雾腾。这是出现在中国四川省大邑县西岭雪山的一种独特的自然奇观，是世界上最长的"走廊"。

河西走廊在甘肃省。因为狭长的省域被黄河谷地分割为河东和河西两片，而走廊坐落在黄河以西，所以通称为河西走廊。但在外国地理文献中，它却是以甘肃走廊而闻名于世界的。

从古浪峡口向西，一直到甘肃新疆边界，这长达 1000 千米，宽 10 余千米到 100 余千米的地方，南侧是平均海拔 4000 余米的祁连山和阿尔金山，北侧是阿拉古山、红崖山、龙首山、合黎山和马鬃山，海拔也有 2000～3000 余米。南北两山夹峙的带状平原，海拔只有 1000～2000 余米。有成片的绿洲，有广阔的戈壁，也有零零散散的沙漠。长城从其间蜿蜒穿过，古时是丝绸之路必经之地，现代有甘新公路和兰新铁路纵贯东西，如今则更是新亚欧大陆桥重要的路段，这就是河西走廊。

每个人都可以从自己的视角去看河西走廊，并且获得与别人迥然不同的感受。每个人都可以自由地探究隐藏在这片土地上的自然和人文奥秘，并且享受自己独特的收获。但有一点是共同的，那就是凡是到过河西走廊的人都会充满激情地赞美它，发自内心地关爱它。

1.一个地壳断裂下沉带

地质学家当然最关心走廊的形成原因。他们的研究结果表明，河西走廊西段是古老的塔里木地块的东延部分。当我们现在的国土还大多是一片汪洋的时候，正是这一狭长带状的陆地把塔里木地块和中朝准地台连接起来；走廊中东段则是祁连山地槽的组成部分，和祁连山一样深埋海底，只是当祁连山由海变陆，高高耸立于古海之上以后，走廊却从中生代开始因为断裂下沉而深深陷落。而北侧的马鬃山、合黎山、龙首山也断裂翘起时，一条巨大的洼地赫然出现在青藏高原东北缘。数十条河流从洼地两侧的山上流下来，它们携带的砾石和泥沙填平洼地的底部，第四纪以来更堆积了厚层黄土，终于使它成为名副其实的"走廊"。虽然黑山和焉支山（胭脂山）在走廊中巍然凸起，把走廊分隔成了安西—敦煌盆地。酒泉—张掖盆地和武威盆地，但走廊依然是东西贯通的。

2.一条阳光走廊

河西走廊深居亚洲中部，其东端距我国四大海域和孟加拉湾平均直线距离超过 1700 千米，西端则在 2300 千米以上。远离海洋加上高山高原阻隔，造成了"春风不度玉门关"，也就是湿润气流很难到达的境况，使这里成为干旱少雨之地。走廊内除个别地方因为海拔较高，年降水量达到 300 多毫米外，其余各地均在 200 毫米以下，而且越向西越少。例如武威尚有 158 毫米，到酒泉降为 85 毫米，而到敦煌就只有 37 毫米。这就是说，敦煌 25 年的降雨量总和还不如成都一年的雨量多，44 年的降雨量加起来也只相当于广州一年的降雨量。

少雨意味着多晴天，阳光充足。河西走廊年平均太阳辐射总量达5700兆～6400兆焦耳／平方米，年日照时数达2600～3200小时。这些数字比起西北其余地区和青藏高原不算大，但与四川、重庆、贵州三省市相比，就大得惊人了。这三个省市大部分地区太阳辐射总量只有河西走廊的2/3，年日照时数一般不足1300小时，仅及河西走廊的一半。行走在河西走廊的土地上，常常沐浴着灿烂的阳光。

3. 绿洲走廊

按常理，河西走廊这样干旱的地方该是寸草不生、满目荒凉了，但事实并非如此。这里有渠水淙淙、阡陌相连、防护林带纵横交错的肥田沃野，不仅生产粮食、棉花、油料、甜菜，还出产蜜瓜、西瓜、葡萄、枣、杏……一句话，河西走廊虽然深居内陆荒漠，却发育了大片绿洲。

↑　河西走廊

"绿洲"是外来语。古希腊人把利比亚沙漠中肥沃、富庶，可以居住和饮水的地方称为oasis，后来被吸收到英语中，汉语则译为绿洲。尽管各类辞书和不同学者对绿洲的定义略有分歧，但基本观点是一致的，即绿洲是广大荒漠中有细土、有地表水注入或地下水可供采用，能生长植物和种植农作物的岛屿状平地。

河西走廊共有各类土质平地23200平方千米，它们或者发育为荒漠草原和灌木荒漠，或者是草甸和盐化草甸，或者形成沼泽，当然也有完全裸露的。其中近一半分布在酒泉—张掖盆地，27%分布在武威盆地，24%分布在安西—敦煌盆地。以地面细土覆盖率而论，则是东部多，并逐渐向西减少。

4.雨雪青睐高山

祁连山高山带年降水量达400～800毫米。降水孕育了冰川，也滋润了河流。大小50多条河流分为三个内陆水系注入河西走廊，其中黑河水系年径流量36.7亿立方米，疏勒河水系16亿立方米，石羊河水系15.7亿立方米，总计地表径流量为68.4亿立方米。正是这一水源改变了河西走廊荒漠的命运，如同阿尔泰山、天山、帕米尔、昆仑山、祁连山的水源改变了准噶尔、塔里木、吐鲁番、柴达木等荒漠盆地的命运一样。比起撒哈拉、阿拉伯半岛，甚至澳大利亚中西部的荒漠，中国的干旱区真可谓得天独厚了。

河流携带土粒、矿物营养和有机质在走廊内的洪积扇边缘和中下游沿岸冲积平原构建了土与水的最佳组合，于是胡杨、红柳、沙枣、梭梭、芦苇、芨芨草、针茅生长起来，形成了天然绿洲。人们世世代代在这里开荒、垦田、种粮、植棉、栽树、修渠、造路、建屋、筑城，终于创造了繁荣的人工绿洲。

河西走廊的三个盆地或内陆水系中，以武威盆地—石羊河水系面积最小，地表径流量也最少，但现有绿洲面积（4958 平方千米）却最大，几块大绿洲基本上是连续分布。酒泉、张掖盆地—黑河水系沙砾戈壁渐多，土质平地减少，除个别河流洪积扇形地外，绿洲多沿河岸呈带状分布，总面积约 4735 平方千米。安西—敦煌盆地—疏勒河水系不是由于缺水，而是缺乏土质平地，著名的北戈壁、南戈壁、一百四戈壁、二百四戈壁占据了大片地面，绿洲（1255 平方千米）只在疏勒河冲积扇边缘和疏勒河、党河沿岸呈小片零星分布。

18 块较大的绿洲加上无数小绿洲，好像由丝绸之路一线相连的珍珠，也是古代商旅、使节往来的驿站。没有这些绿洲，河西走廊昔日的辉煌和今天的腾飞都将不可思议。正是这些绿洲创造了甘肃单位面积粮食产量的最高纪录，并使数百万人走向富裕。

5. 扑朔迷离的水系变化

疏勒河、黑河、石羊河及其数十条支流构成了河西走廊的三个内陆水系，这几乎是人们耳熟能详的看法。但事实上，河西走廊水系仅在最近 1 万年来就经历了非常复杂的变迁。三大内陆水系只能代表一段有限时间的历史。而自 20 世纪后半叶以来，三大水系已逐渐解体，而被数十个更小的内陆水系取代。我们知道，今天的疏勒河出祁连山后迅速折向西流，直指罗布泊，尽管下游已经没有常年流水，但湖泊、沼泽湿地、胡杨林和芦苇地仍清晰地勾画出了昔日河床的轮廓。清代学者全祖望最早指出疏勒河是黑河（弱水）的支流。20 世纪二三十年代中（国）瑞（典）西北考察团的学者伯林、霍尔勒等也有疏勒河曾一度归属黑河水系的看法。老一辈地理学家冯绳武教授的观点更令人感兴趣，也很有说服力。他认为疏勒河曾经是一条"两栖河流"，其一部分河水向西接纳党河后流入罗布泊，另一部分河水东注黑河，并经居延海、巴布拉海、呼伦贝尔直入黑龙江。因而疏勒河曾经是黑龙江的正源，而石羊河则曾经是黄河左岸一大支流。

这就是说，疏勒河、黑河、石羊河仅在数千年前还都是外流河，河西走廊除党河流域外还都是外流区，河水可以东入大海。从居延海至呼伦贝尔间，海拔1000米等高线包围的一个狭长低地带，就是早年的疏勒河入黑龙江的河道。由于1万年来气候渐趋干旱、冰川储量减少，河流水量减小，加之流沙覆盖下游河床，才使河西走廊完全变成了内陆流域。

至于三大水系的解体，我们的意思是说，自20世纪后半叶以来，由于河西走廊绿洲面积扩大，大量新兴城镇崛起，农业和城市用水量剧增，三大河流的所有支流几乎都已不再注入干流而各自成为独立水系。对于河西走廊生态环境的可持续发展，这可不是一个好兆头。

6.鸣沙山、月牙泉、雅丹、黑戈壁

托走廊北山的福，河西走廊没有大片沙漠。巴丹吉林沙漠和腾格里沙漠虽然占据了几乎整个阿拉善高原，但由于走廊北山（主要是合黎山、龙首山）的阻挡，不能大举侵犯河西走廊，只有经过黑河、石羊河谷地和一些比较低矮的山口实行偷袭，在走廊内形成小片沙地。盘踞甘新边界阿尔金山北麓的库姆塔格沙漠每年乘着偏西风东进，又在偏东风吹拂下西退，始终只能停留在走廊最西端。河西走廊沙漠不广，但有一处沙山会发出响声，因而名声大噪，这就是敦煌城南6公里的鸣沙山。关于沙为什么会鸣，有许许多多神话和传说。我们的读者当然知道，正确的

答案只能向物理学家请教。

鸣沙山下的月牙泉也是一处胜迹。月牙泉长240米，宽近40米，形似新月，因历千年不枯竭而成为一大奇观。实际上泉址所在是党河故道，泉水可受党河地下水补给，故无论蒸发量多大，总能保持一泓碧波。

雅丹是未胶结的湖相地层在定向盛行风吹蚀下残余的陡峭小丘，安西布隆吉、百旗城一带都能看到。规模最大，形态最复杂多样，最具观赏价值，且使人流连忘返的还得数新近开发并已建立自然保护区和国家地质公园的敦煌雅丹。在那里你能看到巨大的烽燧、舰队远航归来、孔雀开屏、雄鸡报晓、狮身人面像和石油工人群雕……当然，这一切都是大风塑造的地貌景观而非人力所为。

戈壁在全世界的干旱区随处可见，但是黑戈壁却仅见于河西走廊西端和新疆东部。戈壁是干旱气候条件下的山地经过剧烈剥蚀、侵蚀，或者洼地经过洪积、冲积作用而形成的一种独特地貌类型，地面布满岩石风化碎屑或粗大砾石，但地势起伏很小，身临其境，常常给人以一望无际的感觉。置身黑戈壁上，或许还会平添一丝压抑与恐怖，猛然间冒出"生命禁区"、"死亡之海"之类的话语来。但是，12年前中国生态学家西北考察团考察安西时，人们随便俯身拾起一颗砾石，就在贴地的一面发现了生命的存在。在车上极目远望，地平线上更时有矫健的黄羊奔跑的身影。

7. 石窟、长城、嘉峪关

河西走廊西端有一座闻名世界的艺术宝库——莫高窟。莫高窟位于国家级历史文化名城、优秀旅游城市敦煌市东南25公里的大泉河（亦称西水沟）左岸陡峭的岸壁上。洞窟始凿于公元366年，现存的491个洞窟保存着2400多尊雕塑和45000平方米壁画，是我国第一个被联合

↑ 嘉峪关

国教科文组织列入世界文化遗产的石窟。这是许多人都知道的事，但河西走廊从东到西都有石窟，恐怕就很少人了解了。例如武威城南 50 公里创建于十六国北凉时期的天梯山石窟，有洞窟 3 层，雕塑 100 多尊，其中的如来佛坐像高达 30 多米，壁画 100 多平方米。张掖城南 65 千米的肃南马蹄寺石窟，始建于北凉，有 70 多处窟龛，仅其中的三十三天洞即有上下 5 层，21 窟，49 个窟龛。安西城南 68 千米榆林河岸上的榆林窟，现有 42 个洞窟，塑像 272 尊，壁画 5650 米，壁画佛神像 10826 幅。安西东千佛洞现存 23 个洞窟，彩塑 56 尊，壁画 486 平方米。敦煌西南 35 千米党河岸壁上的西千佛洞，现存洞窟 16 个，窟龛共 22 个，彩塑与壁画艺术价值都很高。有这么多石窟，我们说河西走廊是一条石窟走廊大概也不为过吧？

如果有人问，河西走廊为什么会有这样多石窟？相信历史学家和艺术家都会作出令人满意的回答。但笔者愿意补充一点，自然方面的原因是，河西走廊自中生代以来的断裂下沉，使它堆积了适合开凿洞窟的砂岩、砂砾岩和第四纪砾石层，也就是所谓"洞窟地层"。试想，如果河西走廊只有坚硬的花岗岩、石灰岩，或松软的砂页岩，或风化严重的千枚岩类，这些洞窟就不会出现了。

提到河西走廊还不能不提及长城。长城从古浪县境进入河西走廊后，大致沿着现在的 312 国道，一直延伸到嘉峪关，长达 500 多千米，它没有八达岭长城的险峻与雄伟，却多了一份厚重与坚强。在民勤和金塔，它不仅是边墙，还显然是阻挡沙漠入侵的生态屏障。

嘉峪关是长城的"西终"，河西走廊第一隘口，建于公元 1372 年，由内城和外城组成。内城周长 640 米，城高 10.7 米，城墙上建有箭楼、敌楼、角楼、阁楼、闸门楼，北以悬壁长城连黑山、南接长城第一墩。

8. 古城的湮灭与新城的崛起

说来不免令人奇怪，现在的甘肃河西五地市，只不过管辖 19 个县区市，且其中的天祝藏族自治县，肃南裕固族自治县，从治所到辖地都不在走廊内而是在祁连山地；民勤县则位于阿拉善高原南缘；肃北蒙古自治县城虽在走廊内，辖地则在马鬃山和祁连山；阿克塞哈萨克族自治县辖地则半属走廊，半属阿尔金山地。而早在距今约 2000 年前的西汉时期，河西四郡居然设了 35 个县。历经沧桑之后，这些古城一部分随着古绿洲的衰亡而消失了，一部分由于治所迁徙而先后没落，更多城市则与时俱进，高楼代替平房土屋，陋巷变成宽街，客栈的灯笼改为宾馆的霓虹，叮叮咚咚的驼铃变作了火车的汽笛阵阵和汽车的喇叭声声。

敦煌郡 7 县只有龙勒和冥安两座县城完全废弃。龙勒县城即寿昌城，位于党河洪积扇西缘，后因党河出山后转向东流，失去水源的县城居民陆续他迁，城址被埋到流沙下面，如今的游客只能伫立阳关之下面对茫茫沙丘怅然长叹了。冥安县城即后来的锁阳城，在今安西县境内疏勒河—榆林河洪积扇间，当时主要依靠疏勒河供给水源，到元代仍很繁荣，后来河道迁徙，水源断绝，城市随着绿洲一起衰亡。30 多年前笔者去现场考察时发现城南的白刺沙包高度与城墙相齐，城内街巷宛然，但房屋多已无顶无门窗，城北古绿洲田畦灌渠虽仍依稀可辨，却已因风蚀而发育小型雅丹地貌。古老的沙州、瓜州则神奇地变成了敦煌和安西两座新城。

酒泉郡9县，表是县城即今天的骆驼城，坐落在高台县城西南的摆浪河洪积扇前缘，因为摆浪河水越来越多地用于灌溉新坝、元山子一带的绿洲，水源枯竭，加上明海沙地的沙丘以每年3～15米的速度东侵，绿洲沙化了，骆驼城也成为一片废墟。

张掖郡10县，居延县不在走廊内而是僻处弱水（额济纳河）尾闾，西汉时城内曾有5000居民，算得上人烟辐辏了，其东南的黑城（哈拉和托）则是一个军事重镇。惜乎，唐、明、清三代其上游大兴水利扩大绿洲，两座城池同遭厄运。另一些县城虽因撤销建制而减缓了发展，毕竟安然无恙。而临泽、张掖、民乐、山丹等县城则越来越富有生机。

武威郡10县，媪围县城在今甘肃中部姑且不论。郡治则在今民勤县城东北红柳园一带，治所迁至武威后，城市也没落了。实际上，现在的武威市辖各县区中，最值得关注的应该是民勤。石羊河中游古浪、武威、永昌绿洲持续扩张，用水剧增的结果，造成了民勤绿洲灌溉用水没有保证，被迫打井开采地下水，使地下水位猛烈下降，沙生植物大量死亡，耕地大量撂荒，城市也陷入危境之中。

但是，另一方面，河西走廊更多的城市却是持续繁荣兴旺的，这里不只是说敦煌、酒泉、张掖、武威等城市的旧貌换新颜，还包括因产石油而出现的玉门市，因有西北最大钢铁企业而傲然耸立在戈壁滩上的嘉峪关市，以及作为我国镍都的金昌市。走进这些诞生在新中国的城市，我们不禁从心底升起满腔豪情。

内陆低地吐鲁番盆地

位于中国西北天山脚下的吐鲁番盆地是世界上最低的盆地。它东西长 245 千米，南北宽 75 千米，面积约 5 万平方千米。其四周是高大的山峰，以北部的博

↑ 吐鲁番盆地

格多峰为最高；中部极度下陷，地势低洼，许多农田、村落都处于海平面以下；南部的山麓有著名的艾丁湖，湖面低于海平面 154 米，是中国陆地的最低点。

吐鲁番盆地低洼而闭封的地形，加上极其干旱的气候，使其成为我国著名的"火州"。这里一年之中有大半年处于炎热的夏季，特别是每年 6～8 月间，气温持续在 38℃ 以上，甚至出现过 47.8℃ 的中国最高气温的历史记录。

神秘的塔克拉玛干沙漠

在我国新疆南部的塔里木盆地，有一面积为 32.4 万平方千米的世界第二大沙漠——塔克拉玛干沙漠。自有记载的历史以来，这里从没有人居住，也没有人穿行。有人说，"塔克拉玛干"的意思是"过去的家园"。传说这里曾是一个富庶的王国。突然，一天晚上黑风降临，天塌地陷，整个王国便被沙砾所埋没，幸免于难的人也失去了家园。也有人说，"塔克拉玛干"的意思是"进去出不来"。传说那里藏着数不清的财宝。然而，进去的人只能欣赏，不可拾取。哪一个贪心人取了一颗珠宝，便永远出不来。

古老的传说使这片大沙漠显得更为神秘，而现代探险家的遭遇更使其增添了几分恐怖。20 世纪初，瑞士著名探险家斯文赫定带一支探险队进入这个沙漠，不久全部饥渴而死，剩下他只身逃出，他在一部书中称这里是"死亡之海"。

塔克拉玛干真的一无所有吗？近年来，大批中外科学家对这一大沙漠进行了多次综合考察，认为在 3000 万年前，地中海的波涛曾在这里汹涌，塔里木盆地类似盛产石油的中东地区的地质状况。所以有人宣称，塔里木盆地将是又一个中东。

诱人的前景鼓舞着石油勘探者，但钻机钻了几十米，只见泥浆不见水。可是次日清晨，坑里竟盛满了清水。迄今，物探队已在沙漠各处钻了200

↑　塔克拉玛干沙漠

多个坑，坑坑见水。这不亚于在沙漠里找到石油。

塔克拉玛干还有"沙丘博物馆"之称。大漠南部有状似埃及金字塔的沙丘，风削而成，一个挨一个，煞是壮观。而东部，各类巨大的沙山彼此叠置，连见多识广的外国专家也叹为观止，称这是世界沙漠独一无二的奇景。

塔克拉玛干不仅有水，而且也降雨、降雪。它在1984年和1986年均下过大雨，雨点稀疏、粗大，能把人打得鼻青脸肿。除了雨，冬天的雪还会把沙丘盖成白茫茫一片，远远望去，蔚为壮观。

水是生命的摇篮，有了水，就必然有生命存在。考察人员看到，麻雀在飞翔觅食，乌鸦在天空盘旋。黄羊、骆驼、野兔、沙鼠、猫头鹰、鹿等动物，也常在沙海中出现。

这些动物靠吃什么来生活呢？虽然目前尚无令人满意的回答，但塔克拉玛干那神秘的面纱毕竟已被掀开了一角，"死亡之海"的说法已开始动摇。这片广大的沙漠还有无数的未解之谜在等待着人们去揭开。